동물들의 세계사

역사를 만든 위대한 50가지 동물 이야기

벤 러윌 글 | 새라 월시 그림 | 전지숙 옮김

책과콩나무

글 벤 러윌

영국의 작은 마을에서 자랐어요. 상상을 하거나 책을 읽으며 시간을 보냈어요. 드넓은 세상을 여행하며 글 쓰는 것을 좋아해 여행 작가가 되었고, 어린이를 위한 글을 쓰기도 해요. 지금은 영국의 작은 마을에서 가족과 함께 지내고 있어요. 『동물들의 세계사』는 우리나라에 처음으로 소개되는 책이에요.

그림 새라 월시

미국 뉴욕주 북부에서 자랐어요. 어린 시절 동물을 무척 사랑해서 동물이 되고 싶다고 생각했어요. 그래서 다양한 동물 의상을 입고 다니며 엉뚱한 행동을 하기도 했답니다. 언젠가 멋진 화가가 될 거라고 믿었고, 그 꿈을 위해 열심히 그림을 그렸어요. 오늘날 새라가 그림을 그린 책들은 전 세계 여러 나라에서 출간되었어요. 지금은 가족과 함께 캔자스시티에 살고 있어요. 지금까지 우리나라에 소개된 책으로는 『언니들의 세계사』, 『동물들의 세계사』가 있어요.

옮긴이 전지숙

아이들이 좋은 책을 통해 다양한 세상을 접하고 반짝이는 꿈을 키워 나갈 수 있다고 믿고 있어요. 현재 어린이와 청소년에게 인생의 터닝 포인트가 될 좋은 책을 찾아 국내에 소개하고 번역하고 있어요. 그동안 옮긴 책으로는 『내 인생의 원투 펀치』, 『골든 보이』, 『아무것도 가르치지 않는 선생님』, 『너무 많이 가르치는 선생님』, 『동물들의 세계사』 등이 있어요.

동물들의 세계사
역사를 만든 위대한 50가지 동물 이야기

펴낸날 초판 1쇄 2020년 2월 20일, 초판 3쇄 2021년 11월 25일
글쓴이 벤 러윌 **그린이** 새라 월시 **옮긴이** 전지숙
펴낸이 정현문 **편집** 조민선, 남진솔 **마케팅** 신유진 **디자인** 이선주
펴낸곳 책과콩나무 **등록** 제2020-000163호
주소 서울시 영등포구 양평로 157, 1212호 **전화** 02-3141-4772(마케팅), 02-6326-4772(편집) **팩스** 02-6326-4771
이메일 booknbean@naver.com **블로그** http://blog.naver.com/booknbean **인스타그램** www.instagram.com/booknbean01
ISBN 979-11-89734-32-9 (73490)

* 이 도서의 국립중앙도서관출판시도서목록(CIP)은 서지정보유통지원시스템 홈페이지(http://seoji.nl.go.kr)와 국가자료공동목록시스템(http://www.nl.go.kr/kolisnet)에서 이용하실 수 있습니다.(CIP제어번호: CIP2020001935)
* 값은 뒤표지에 적혀 있습니다. 잘못 만든 책은 구입하신 서점에서 바꾸어 드립니다.
* 이 책 내용의 전부 또는 일부를 재사용하려면 반드시 저작권자와 책과콩나무 양측의 동의를 받아야 합니다.

WildLives: 50 Extraordinary Animals that Made History
First published 2019 by Nosy Crow Ltd
The Crow's Nest, 14 Baden Place, Crosby Row
London, SE1 IYW
Text ⓒ Ben Lerwill 2019
Illustrations ⓒ Sarah Walsh 2019
Korean translation ⓒ Booknbean 2020
All rights reserved.
This edition is published by arrangement with Nosy Crow Limited through KidsMind Agency, Korea

이 책의 한국어판 저작권은 키즈마인드 에이전시를 통해 Nosy Crow와 독점 계약한 책과콩나무에 있습니다.
저작권법에 의해 한국 내에서 보호받는 저작물이므로 무단전재와 복제를 금합니다.

• 제품명: 아동 도서 • 제조자명: 책과콩나무 • 제조국명: 대한민국 • 전화번호: 02-6326-4772
• 주소: 서울시 영등포구 양평로 157, 1212호 • 제조년월: 2021년 11월 25일 • 사용연령: 8세 이상
• 주의사항: 종이에 베이거나 긁히지 않도록 조심하세요. 책 모서리가 날카로우니 던지거나 떨어뜨리지 마세요.
KC마크는 이 제품이 공통안전기준에 적합하였음을 의미합니다.

차 례

역사를 만든 동물들 … 5

구조와 보호
- 셰르 아미 … 6-7
- 사이먼 … 8-9
- 보이테크 … 10-11
- 모코 … 12-13
- 닝 농 … 14-15
- 서전트 스터비 … 16-17
- 빈티 주아 … 18-19
- 트래커 … 20-21
- 더피 … 22-23
- 린 왕 … 24-25

모험과 탐험
- 라이카 … 26-27
- 로보 … 28-29
- 자라파 … 30-31
- 몽테시엘 … 32-33
- 휴버타 … 34-35
- 발토 … 36-37
- 에밀리 … 38-39
- 윌리엄 윈저 … 40-41
- 클라라 … 42-43
- 점보 … 44-45

변화와 해결
- 론섬 조지 … 46-47
- 클레버 한스 … 48-49
- 엘사 … 50-51
- 스트리트캣 밥 … 52-53
- 스모키 … 54-55
- 마클리 … 56-57
- 크누트 … 58-59
- 크리스천 … 60-61
- 엔달 … 62-63
- 샘 … 64-65

발견과 개척
- 돌리 … 66-67
- 데이비드 그레이비어드 … 68-69
- 알렉스 … 70-71
- 코코 … 72-73
- 피클스 … 74-75
- 로이와 사일로 … 76-77
- 오지 … 78-79
- 님 침스키 … 80-81
- 윈터 … 82-83
- 콩고 … 84-85

영감과 영향
- 그레이프라이어스 보비 … 86-87
- 케이코 … 88-89
- 위니펙 … 90-91
- 카무냑 … 92-93
- 후버 … 94-95
- 시비스킷 … 96-97
- 페일 메일 … 98-99
- 티터스 … 100-101
- 하치코 … 102-103
- 수단 … 104-105

어디에서 태어났을까 … 106-107
용어 사전 … 108-109
옮긴이의 말 … 110-111

“경이로운 자연은 우리에게
가치 있는 인생을 살아가도록 힘을 준다.”

데이비드 아텐버러

역사를 만든 동물들

여러분은 동물의 왕국을 생각하면 어떤 동물이 가장 먼저 떠오르나요? 어떤 친구는 열대 초원을
어슬렁거리는 사자를, 또 어떤 친구는 깊은 바닷속을 헤엄치는 고래를 떠올릴 테지요.
하늘 높이 나는 용맹한 독수리, 힘차게 울부짖는 늑대, 거대한 곰, 작은 거북이나 개구리,
멋진 줄무늬를 가진 호랑이를 생각하는 친구도 있을 거예요. 자연은 이렇게 굉장한 동물들로
가득해요. 우리는 아주 운이 좋게도 멋진 동물들과 함께 이 세상을 살아가지요.
동물들은 알면 알수록 놀라운 존재예요.

세상에 기록된 동물은 100만 종이 넘어요. 얕은 물에 사는 작은 물고기부터 밀림에 사는
큰 짐승들까지 매우 다양해요. 그중에서도 유달리 특별한 삶을 산 동물들이 있어요.
우리에게 세상을 더 많이 가르쳐 주거나 여러 생명을 구한, 역사를 만든 동물들이에요.

『동물들의 세계사』는 역사상 가장 유명하고 인상적인 동물들을 되짚어 보고, 그들이 살았던 놀라운
삶을 기리려고 해요. 이 책에 나오는 50가지 이야기는 모두 실제로 있었던 일이에요.
어떤 이야기는 여러분을 웃게 할 수도, 또 어떤 이야기는 눈물을 흘리게 할 수도 있어요.
가끔은 책 읽기를 멈추고 많은 것을 생각하게 할 수도 있어요.
동물들이 얼마나 용감하고 똑똑하며 훌륭한지 알게 해 줄 거예요.

우리가 가까이에서 보는 대부분의 동물은 사람과 함께 지내요. 물론 농장이나 동물원,
자연 속에서 살기도 하지요. 동물 대부분은 자신이 어디에서 살지,
어떻게 살지 선택할 수 없었지만, 놀라운 일들을 해냈어요.

이 책에는 역사를 만든 동물들의 50가지 이야기가 담겨 있어요. 작은 동물과 큰 동물,
헤엄치는 동물과 하늘을 나는 동물, 우리가 매일 보는 동물과 아주 진귀한 동물의 이야기죠.
동물들의 삶 하나하나가 소중하고 눈부셨기에 모두 다룰 만한 가치가 있어요.
책을 읽고 나서 자연의 용감한 동물들을 보게 된다면, 여러분은 그들이 아주 위대한
생명체라는 사실을 떠올리게 될 거예요.

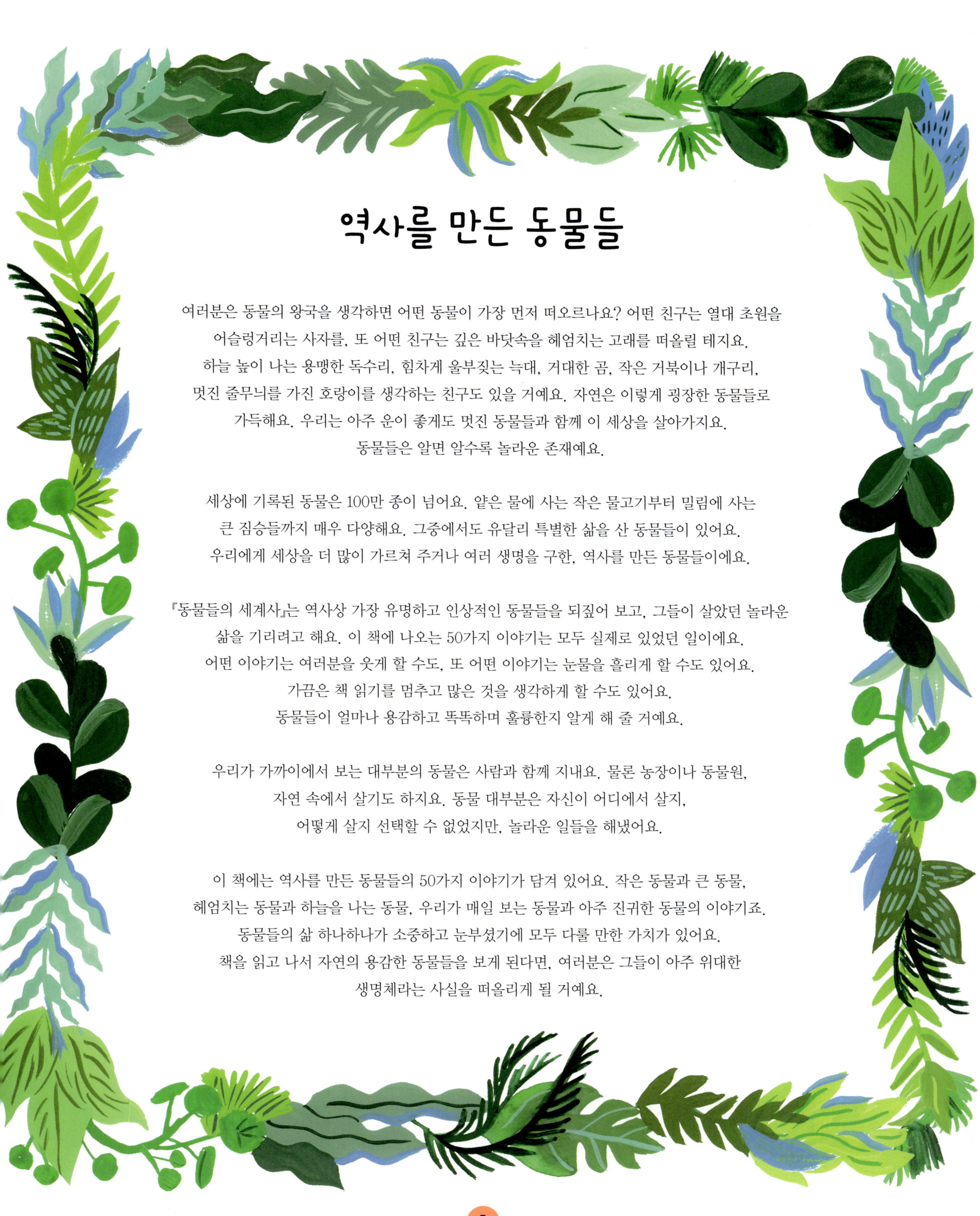

셰르 아미
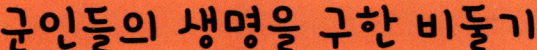
군인들의 생명을 구한 비둘기

멀리 날다

전쟁에서 용감하게 싸운 영웅을 생각하면 우리는 자연스럽게 사람을 떠올리지 하늘을 날아다니는 새를 떠올리지 않아요. 그래서 셰르 아미의 이야기는 아주 특별해요.
1차 세계 대전이 벌어지던 1918년, 프랑스에서 작은 비둘기가 약 200명의 생명을 구했어요.

셰르 아미는 아주 먼 곳에 있어도 집으로 돌아올 수 있는 통신용 비둘기예요. 수백 년 동안 통신용 비둘기는 사람들에게 메시지를 전하기 위해 다리에 작은 쪽지를 달고 먼 거리를 날았어요.

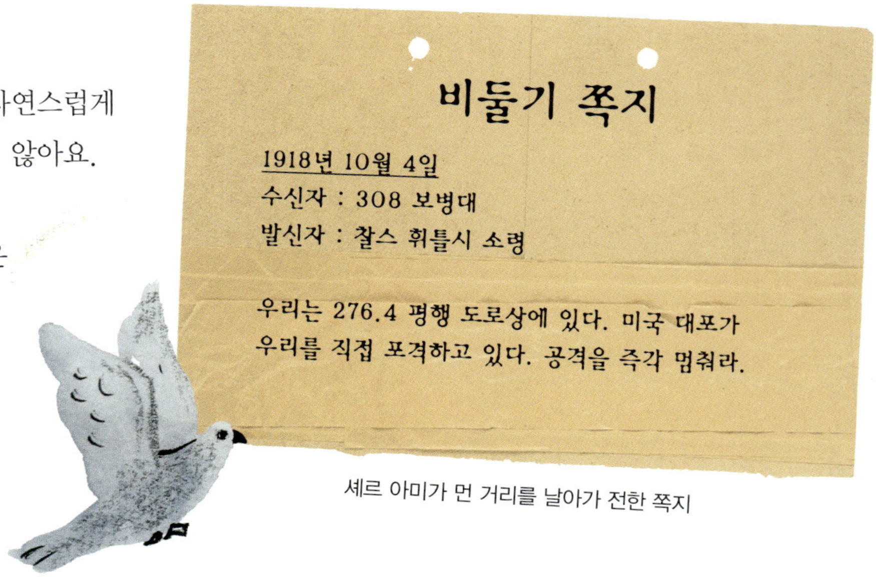

비둘기 쪽지

1918년 10월 4일
수신자 : 308 보병대
발신자 : 찰스 휘틀시 소령

우리는 276.4 평행 도로상에 있다. 미국 대포가 우리를 직접 포격하고 있다. 공격을 즉각 멈춰라.

셰르 아미가 먼 거리를 날아가 전한 쪽지

전쟁에서 보여 준 용기

1차 세계 대전 중 미군은 프랑스 전쟁터에서 메시지를 전달하기 위해 600마리 이상의 통신용 비둘기를 이용했어요. 그중에서도 셰르 아미는 최고의 영웅 비둘기였어요. 전쟁 중에 수십 통의 중요한 메시지를 전달했거든요. 셰르 아미의 일화는 널리 알려져 많은 사람에게 감동을 주었어요.

셰르 아미는 전쟁에서 보여 준 용기로 무공 십자 훈장을 받았다.

1918년 10월 4일, 셰르 아미는 위험한 상황에 처한 미군을 구하기 위해 하늘을 날았어요. 당시 찰스 휘틀시 소령이 이끄는 미군은 적에게 공격을 당하고 있었어요. 그런데 그들이 그곳에 있다는 사실을 모르는 아군에게도 공격을 당하고 있었어요. 찰스는 공격을 멈추라고 메시지를 보내야 했어요. 한시가 급했지요. 찰스는 서둘러 쪽지를 썼어요. "우리는 276.4 평행 도로상에 있다. 미국 대포가 우리를 직접 포격하고 있다. 공격을 즉각 멈춰라." 찰스는 셰르 아미 다리에 쪽지를 묶었어요. 셰르 아미는 폭탄과 총알이 쏟아지는 하늘로 날아올랐어요.

하지만 상황을 정확하게 파악한 적군이 셰르 아미에게 총을 쏘았어요. 셰르 아미는 가슴과 다리, 눈에 총을 맞고 바닥으로 곤두박질쳤어요. 한쪽 눈을 크게 다치고 온몸이 피범벅이 되었지만 쏟아지는 총알 사이로 다시 힘차게 날갯짓을 했어요. 그리고 30분 동안 40킬로미터를 날아 미군 기지에 쪽지를 전달했어요.

즉시 공격을 멈추라는 명령이 내려졌고, 포위되었던 194명의 미군이 구출되었어요. 셰르 아미는 프랑스어로 '친애하는 친구'라는 뜻이에요. 셰르 아미는 영웅 대접을 받았어요. 의무병은 총상 입은 셰르 아미의 다리를 대신할 나무 다리를 만들어 주었어요. 셰르 아미는 전쟁에서 세운 공로로 프랑스의 '무공 십자 훈장'을 받았어요.

역사가 되다

셰르 아미의 이야기는 책과 영화로 제작되어 많은 사람에게 사랑받았어요. 전쟁이 끝난 뒤, 셰르 아미는 배를 타고 미국으로 돌아와 통신용 비둘기 명예의 전당에 당당히 이름을 올렸어요. 맹렬한 전쟁에서 굳은 의지로 용감한 비행을 해낸 외발 셰르 아미의 사체는 워싱턴 DC 국립 미국 역사 박물관에 전시되어 있어요.

> ❝ 쪽지를 다리에 단단히 묶고,
> 온 힘을 다해 날아오르네.
> 총알이 여기저기 비처럼 내려도
> 더 높이 날갯짓하네.
> 그 총알이 나를 향해 돌진할지라도
> 힘껏 날아오르네.
> 바람조차 나를 따라오지 못하게,
> 벌처럼 빠르게. ❞
>
> 해리 웹 패링턴의 시
> 「셰르 아미」 중에서

사이먼

군함에서 산 고양이

군함의 쥐를 잡다

때로는 작고 귀여운 동물이 큰 변화를 만들어내기도 해요. 검은색과 하얀색 털이 뒤섞인 작은 고양이가 거대한 영국 군함의 해군을 도왔어요. 1948년, 영국 군함 애미시스트호가 아시아의 항구 도시 홍콩으로 항해를 떠났을 때였어요. 열일곱 살의 해군 조지 히킨보텀은 홍콩의 화려한 사원과 시끌벅적한 시장을 걷다가 굶주린 작은 고양이를 발견했어요. 고양이 사이먼의 이야기는 여기서부터 시작돼요.

조지는 야윈 사이먼을 돌봐야겠다고 결심했어요. 그래서 군복 속에 사이먼을 숨겨 들어와 선실에 쉴 수 있는 공간을 마련해 주었어요. 조지는 함장이 알면 크게 꾸짖을까 봐 걱정했어요. 하지만 그리피스 함장은 사이먼을 반겨 주었어요. 마침 군함의 쥐를 잡을 고양이가 필요했거든요. 쥐는 병균을 퍼트리고 식량을 못 쓰게 만들기 때문이에요.

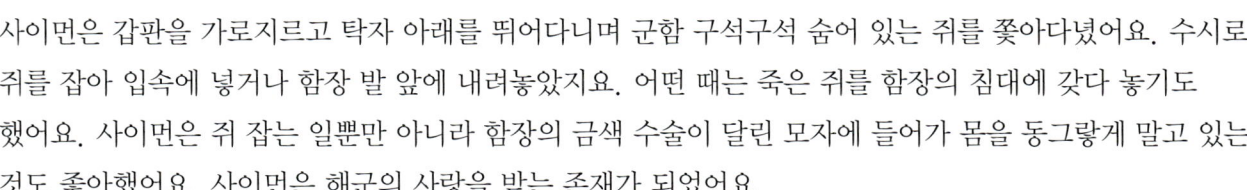

사이먼은 갑판을 가로지르고 탁자 아래를 뛰어다니며 군함 구석구석 숨어 있는 쥐를 쫓아다녔어요. 수시로 쥐를 잡아 입속에 넣거나 함장 발 앞에 내려놓았지요. 어떤 때는 죽은 쥐를 함장의 침대에 갖다 놓기도 했어요. 사이먼은 쥐 잡는 일뿐만 아니라 함장의 금색 수술이 달린 모자에 들어가 몸을 동그랗게 말고 있는 것도 좋아했어요. 사이먼은 해군의 사랑을 받는 존재가 되었어요.

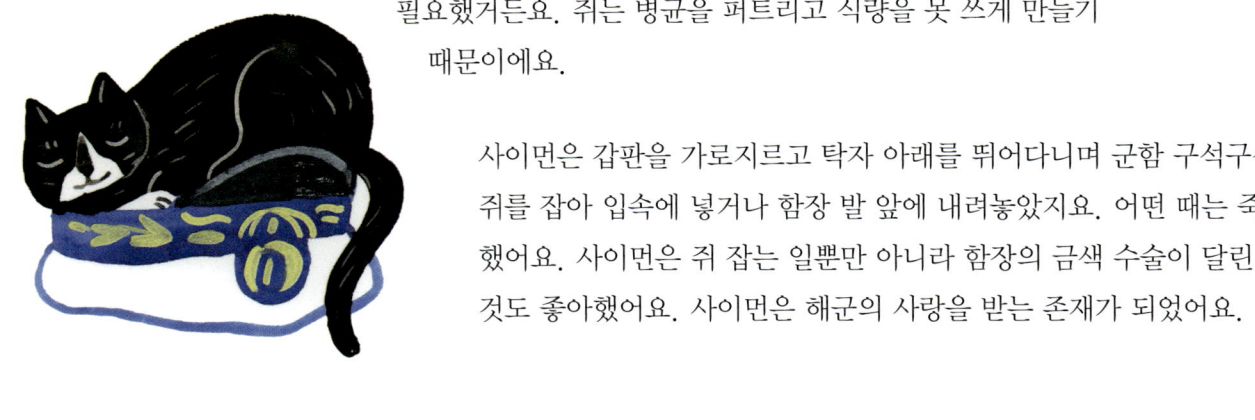

위험에 처하다

다른 해군들도 사이먼을 곁에 두고 싶어 했어요. 사이먼은 해군들이 바다 생활을 더 활기차게 할 수 있도록 용기를 북돋아 주었거든요. 조지와 그리피스 함장이 떠났을 때도 사이먼은 군함에 머물렀어요. 새로 온 함장 스키너는 명랑한 사이먼을 금세 좋아하게 되었어요. 그러던 어느 날, 중국의 구불구불한 양쯔강에서 사이먼의 배는 큰 위험에 맞닥뜨렸어요.

1949년, 중국에는 전쟁이 벌어지고 있었어요. 숨어 있던 적군은 강을 항해하는 영국 군함 애미시스트 호를 공격했어요. 사이먼의 배는 폭탄과 총알로 심각하게 파손되었고, 스키너 함장을 포함해 많은 해군들이 죽거나 심한 부상을 당했어요. 사이먼도 등과 다리를 크게 다쳤어요. 화상을 입은 채 해군에게 발견된 사이먼은 의무병의 도움으로 서서히 건강을 회복해 나갔어요.

영국 군함 애미시스트 호의 병사들과 함께 있는 사이먼

하지만 사이먼의 배는 여전히 위험했어요. 강을 따라 돌아가는 것은 안전하지 않았기 때문에 같은 자리에 있어야 했어요. 사이먼은 어려운 상황에서도 빠르게 회복하여 예전의 활발한 모습으로 돌아왔어요. 갑판을 뛰어다니며 쥐를 잡았고, 부상당한 군인들이 두려운 상황 속에서 용기를 잃지 않도록 도왔지요.

> "우리가 완전히 포위되었던 몇 달 동안 사이먼은 쥐를 잡는 아주 귀한 일을 했어요. 그리고 젊은 병사들이 힘겨운 시기에 투지를 잃지 않도록 도왔지요."
>
> '고양이 담당관'으로 임명된 지휘관 스튜어트 해트

역사가 되다

영국 군함 애미시스트 호가 적의 공격에서 탈출하는 데는 100일이 넘게 걸렸어요. 군함에 있던 군인들은 아주 적은 음식과 물로만 버텨야 했어요. 마침내 배가 안전한 바다에 도착했을 때 군인들은 영웅으로 칭송받았어요. 사이먼은 전쟁에서 큰 공을 세운 동물에게 주는 '디킨 메달'을 받았어요. 오늘날까지도 이 상을 받은 고양이는 사이먼뿐이에요.
사이먼의 삶은 짧고 힘들었어요. 영국에 도착한 지 몇 주 만에 런던의 한 묘지에 묻혔어요. 비석에는 아주 충직한 고양이에게 바치는 감사의 말이 적혀 있어요.
"1949년 8월 디킨 메달을 받은 사이먼을 기억하며. 양쯔강 사건에서 눈부신 활약을 하다."

보이테크

군인이 된 아주 특별한 곰

아기 곰에서 야영 동료로

2차 세계 대전 중, 폴란드 군대에는 다리가 네 개고, 발톱이 날카로우며, 갈색 털이 덥수룩한 군인이 있었어요. 이름은 보이테크예요. 보이테크는 믿기 어려울 정도로 특별한 삶을 산 곰이었어요. 아기 때 길가에서 발견되지 않았다면, 보이테크에 대한 이야기는 존재하지 않았을 거예요.

1942년 4월, 폴란드군이 러시아에서 중동으로 가던 어느 날, 페르시아(현재의 이란)에서 큰 자루를 들고 있는 어린 소년을 만났어요. 자루 안에는 작은 아기 곰이 있었어요. 엄마 곰은 사냥꾼이 쏜 총에 맞아 죽었고, 겁에 질린 아기 곰은 비쩍 말라 있었어요.

군인들은 아기 곰을 사서 돌보아 주기로 결심했어요. 그래서 약간의 돈, 초콜릿, 소고기 통조림 등과 고아가 된 아기 곰을 맞바꾸었어요. 당시 작은 곰이 훗날 군인이 될 거라고 누가 상상이나 했을까요?

> **"** 보이테크는 맥주를 병째 들고 마시는 걸 좋아했어요. 한 병 다 마시면 남은 맥주가 어디 있는지 보려고 기웃거렸죠. **"**
> 폴란드 군인 드미트르 샤블루고

> **"** 보이테크는 월급 장부를 갖고 있었어요. 정말로 돈을 받은 것은 아니었지만, 공식적으로 폴란드 군인이었어요. 보이테크는 내 동생 같았어요. **"**
> 폴란드 군인 보이치에흐 나렙스키

군인들은 아기 곰에게 '행복한 전사'라는 뜻의 보이테크라는 이름을 지어 주고 정성껏 길렀어요. 우유를 먹이고, 밤에는 코트에 감싸서 따뜻하게 해 주었죠. 보이테크는 군용 트럭 안팎으로 신 나게 뛰어다니고 나무에 오르며 쑥쑥 자랐어요. 지휘관은 많은 병사가 보이테크와 함께 있을 때 훨씬 더 행복해한다는 사실을 깨달았어요.

폴란드 군인들은 중동을 돌아다닐 때도 보이테크와 함께했어요.
보이테크는 군인이 먹는 양보다 두 배나 더 먹었어요. 다른 곰처럼
과일과 꿀을 무척 좋아했지만, 가끔 마시는 맥주도 좋아했지요.
군인들과 즐겁게 레슬링도 하고, 밤에는 텐트에서 함께 잠을 잤어요.
짓궂은 장난을 칠 때도 있었어요. 허락 없이 물을 틀어 더위를 식히거나
빨랫줄을 잡아당겨 속옷을 바닥에 떨어뜨리기도 했어요.

전쟁터에 나간 곰

폴란드 군인들은 다시 배를 타고 이탈리아로 가야 했어요.
보이테크를 데려가려면 군 지도자의 특별 허락을 받아야 했어요.
병사들의 사기를 북돋아주는 보이테크의 승선은 쉽게 결정되었고
1944년 2월 13일, 폴란드의 신병 '이등병 보이테크'를 실은 배가
이집트에서 출항했어요. 당시 보이테크의 몸무게는 200킬로그램
정도였고, 두 발로 선 키는 약 2미터였어요.
보이테크는 전쟁터에서 아주 무시무시해 보였어요.

이탈리아 몬테카시노 전투에서 폴란드군과 독일군이 싸울 때
보이테크는 총알과 폭탄이 든 무거운 상자를 두 발로 서서
날랐어요. 다른 곰은 총알과 폭탄이 터지는 소리에 겁을 먹거나
무척 당황했을 거예요. 하지만 보이테크는 인간 친구들의
곁을 지키며 전쟁에서 살아남았어요.

군인들과 장난치는 보이테크(위),
보이테크가 폭탄 나르는 모습을
나타내는 폴란드 제2군단의 배지(오른쪽)

역사가 되다

사람들은 용감하게 전쟁터를 지킨
곰에 대해 알게 되었고, 보이테크는
영웅이 되었어요. 폴란드군은 폭탄을
나르는 곰 모양의 특별한 로고를
만들었어요. 보이테크는 텔레비전과
책에 등장했어요. 전쟁이 끝난 뒤에는
몇몇 폴란드 군인과 함께 스코틀랜드로
갔어요. 그리고 에든버러 동물원에서
남은 생을 보냈어요. 평범한 곰처럼
살 수 없었지만 위험한 전쟁터에서
동료들에게 큰 영향을 끼친 보이테크의
이야기는 영원히 기억될 거예요.

모코

해안가에 갇힌 고래 두 마리를 구출한 돌고래

평범하지 않은 돌고래

돌고래는 지구상에서 가장 인상적인 동물 중 하나예요. 빠르게 헤엄치고, 빠르게 학습하고, 빠르게 생각하지요. 파도 사이로 헤엄치거나 다이빙하는 모습을 보는 행운을 누린 적이 있다면, 여러분은 돌고래가 영리하고 놀기 좋아하며 민첩하다는 사실을 알 거예요. 그중에서도 사람들의 마음을 사로잡은 아주 똑똑한 돌고래가 있었어요.

2007년, 뉴질랜드 북섬 마히아 해변 사람들은 바다에서 어린 돌고래를 발견했어요. 이상하게도 며칠간 같은 장소로 찾아와 바다에 있는 사람들에게 거리낌 없이 다가갔어요. 활기 넘치는 이 돌고래가 유명해지기까지는 오랜 시간이 걸리지 않았어요. 사람들은 근처 모코타히 곶의 이름을 따서 모코라는 이름을 붙여 주었어요.

모코는 마히아 반도의 푸른 바다에 인접한 모코타히를 딴 이름이다.

> **❝** 사람들은 모코의 거리낌 없는 모습을 보며 돌고래를 비롯한 해양 동물과 바다 환경에 대해 흥미와 관심을 갖기 시작했어요. **❞**
>
> 지역 환경 보호 활동가 앤드루 버크

모코는 수면을 오르락내리락하고, 수영하는 사람들 사이를 조용히 헤엄쳤어요. 바다에 떠 있는 카약을 코로 슬쩍 밀기도 했고, 가끔은 노를 훔치거나 수상 스키 타는 사람을 넘어뜨리며 심술을 부리기도 했어요. 바다에는 다양한 생물이 가득했지만 모코처럼 행동하는 일은 아주 드물었어요. 과학자들은 모코가 돌고래 떼를 잃어버리고 사람들과 함께 살기로 결심한 것 같다고 생각했어요. 모코는 멀고 깊은 바다로 헤엄치러 나갔지만 언제나 되돌아왔지요.

페로러스 잭

모코는 바다에서 길을 안내한 최초의 뉴질랜드 돌고래가 아니었어요. 1900년대 초, 페로러스 잭이라고 하는 큰코돌고래는 뉴질랜드 남섬 말버러 해협의 위험하고 좁은 바다 사이에서 배를 안내해 유명해졌어요. 잭은 무려 24년 동안 옆에서 헤엄을 치며 배를 도와주었어요.

바다에서 배를 안내해서 유명해진 페로러스 잭

> **"** 모코는 바다를 가르며 날아오듯 다가와 사람들과 고래 사이에 끼어들었어요. 그러고는 고래를 이끌고 해협이 있는 언덕 쪽으로 향했어요. 놀라운 장면이었어요. **"**
>
> 고래를 구하는 모코를 목격한 주아니타 사임스

곤경에서 벗어나게 하다

2008년 어느 날, 해안가에 있던 사람들이 큰 걱정에 빠졌어요. 피그미향유고래 두 마리가 길을 잃어 해안가에서 오도 가도 못하는 처지가 된 거예요. 엄마와 아기 고래는 겁에 질린 채 무척 혼란스러워했어요. 바다로 어떻게 돌아가야 하는지 알지 못했기 때문이었죠. 사람들은 고래들을 도우려고 노력했어요. 하지만 그럴수록 두 고래는 겁에 질렸고, 휙휙 소리를 내며 경계했어요. 깊은 바다로 서둘러 돌아가지 못한다면 가여운 고래들은 금방이라도 죽을 것 같았어요. 그때 낯익은 돌고래가 헤엄쳐 왔어요. 모코는 두 고래가 위험에 빠졌다는 사실을 금세 눈치채고 다가가 대화를 나눴어요. 그 장면을 본 사람들은 모코가 고래들을 안심시킨 것 같다고 했어요. 고래들은 모코의 안내에 따라 해안가를 벗어나서 해협을 지나 넓고 광활한 바다로 돌아갔어요. 고래들은 안전했고, 모코는 영웅이 되었어요.

역사가 되다

그 후 모코는 2년을 더 살았어요. 모코의 친절함과 영리함, 활기찬 성격은 사람들의 기억 속에 계속 남아 있어요. 사람들은 돌고래가 굉장히 사려 깊은 행동을 할 수 있다는 사실을 알게 되었어요. 모코는 돌고래가 얼마나 친절한 동물인지 보여 준 거죠.

닝 농

익사할 뻔한 소녀를 구한 코끼리

바닷가에서의 생활

동물은 우리가 보지 못하는 것을 보고, 듣지 못하는 것을 듣고, 맡지 못하는 냄새를 맡을 수 있어요. 우리가 인지하기 전에 그들만의 방식으로 무언가를 알아차려요. 2004년 어느 날 아침, 태국의 한 바닷가에서 일어난 일이에요. 당시 아기 코끼리가 자신이 위험한 상황에 처했다는 사실을 알아챘어요. 쓰나미라고 하는 거대한 파도가 몰려오고 있었던 거예요. 코끼리는 이 위험한 순간에 등에 태우고 있던 여자아이를 걱정했어요.

코끼리의 이름은 닝 농, 나이는 겨우 네 살이었어요. 닝 농은 작지만 강했어요. 긴 코와 펄럭이는 귀, 튼튼한 다리를 가진 닝 농은 태국의 푸껫섬에 살았어요. 그날은 크리스마스 다음 날인 12월 26일이었어요. 날씨는 화창했고, 바닷가는 관광객으로 북적였어요. 관광객 중에는 영국에서 온 여덟 살 여자아이 앰버 오웬도 있었어요. 앰버는 가족과 함께 휴가를 보내고 있었지요.

다른 코끼리처럼 닝 농은 사람을 등에 태우고 모래사장을 따라 걷는 일을 해야 했어요. 앰버는 닝 농을 무척 좋아했어요. 그래서 닝 농에게 매일 바나나를 주었고, 언제나 닝 농을 선택했어요. 하지만 그날은 앰버가 등에 올라타자 닝 농이 이상한 행동을 했어요.

경고 신호

여느 때라면 닝 농은 해변을 따라 얌전히 걸었을 거예요. 하지만 그날은 몹시 흥분한 채 바다에서 자꾸만 멀리 달아났어요. 조련사는 닝 농이 왜 그런 행동을 하는지 이해하지 못했어요. 앰버도 닝 농을 이해할 수 없었지요. 그때 사람들 눈앞에서 이상한 일이 벌어졌어요. 바닷물이 눈 깜짝할 사이에 빠져나간 거예요. 마치 저 멀리에서 무언가가 바닷물을 빨아들이는 것 같았어요. 대체 무슨 일이 일어난 걸까요?

> ❝ 닝 농은 무언가 잘못되었다는 사실을 알았어요. 그리고 안전한 장소로 대피하기 위해 최대한 빨리 달리기 시작했어요. ❞
>
> 닝 농이 구출한 소녀 앰버 오웬

바로 쓰나미가 오고 있다는 경고였어요. 쓰나미는 엄청난 힘으로 해변을 강타하며 모든 건물을 파괴했어요. 많은 사람이 무시무시하게 몰아닥친 바닷물에 갇혔고, 잔뜩 겁에 질린 앰버는 닝 농을 꼭 붙잡고 있었어요. 닝 농은 기민하게 위험을 예측했지만, 긴박한 상황에서 벗어날 수 없었어요. 거대한 파도는 해변에서도 멈추지 않았고, 요란한 소리를 내며 닝 농을 덮쳤어요. 바닷물은 금세 닝 농의 어깨까지 차올랐어요.

> **" 닝 농은 내 목숨을 구했어요.
> 닝 농은 재난의 경고 신호를 알고 있었고
> 나를 안전한 곳으로 데려갔어요. "**
> 앰버 오웬

브후리

닝 농이 인간의 생명을 구한 유일한 동물은 아니에요. 2010년 브후리라는 소는 파키스탄의 갑작스러운 홍수에서 할머니를 구출했어요. 일흔 살의 할머니 자이납 비비는 폭우에 휩쓸려 떠내려갔어요. 할머니는 이제 죽은 목숨이라고 생각했어요. 그런데 그때, 브후리가 할머니 옆에 나타났어요. 할머니는 브후리의 목을 단단히 잡았고 둘은 몇 시간 동안 물 위에 떠다녔어요. 마침내 높고 안전한 장소에 무사히 도착했어요.

나무가 쓰러지고 집은 무너져 내려 흔적도 없이 사라졌어요. 하지만 닝 농은 거센 물살을 헤치며 멈추지 않고 달렸어요. 파도가 끊임없이 몰려오는 동안에도 안간힘을 다해 한 걸음 한 걸음 내디뎠지요. 마침내 지친 몸으로 큰 담장에 도착했어요. 닝 농은 몸을 낮춰 앰버를 담장 위에 내려 주었어요. 모두가 안전했어요.

역사가 되다

닝 농은 강한 의지로 앰버의 생명을 구했어요. 쓰나미 소식을 들은 전 세계 사람들은 큰 충격을 받았지만, 닝 농과 앰버의 이야기에 감동을 받았어요. 어린이 책 작가 마이클 모퍼고는 그들의 탈출에 영감을 받아 『대자연에서 *Running Wild*』라는 책을 썼어요. 영국으로 돌아간 앰버는 태국의 코끼리가 더 나은 생활을 할 수 있도록 해마다 돈을 보내기로 결심했어요.

앰버의 기부는 친절한 일이에요. 중요한 일이기도 하지요. 코끼리는 우리의 보살핌을 받아 마땅한 훌륭한 동물이거든요. 닝 농 덕분에 코끼리가 아주 기민하고 똑똑하며 용감하다는 사실을 알게 되었어요.

푸껫은 쓰나미로 심각하게 파괴되었다.(위)
마이클 모퍼고는 닝 농과 앰버의 탈출에 영감을 받아 『대자연에서』를 썼다.(오른쪽)

서전트 스터비
전쟁 영웅이 된 떠돌이 개

평범하지 않은 개

우리는 의외의 장소에서 영웅을 발견하기도 해요. 1917년 7월, 짧은 다리와 축 처진 눈매의 주인 없는 개가 미군 기지를 돌아다니고 있었어요. 당시에는 누구도 그 떠돌이 개가 역사상 가장 유명한 동물 중 하나가 될 거라고 생각하지 못했을 거예요. 로버트 콘로이 상병이 개를 보살펴 주지 않았다면 이야기는 아주 달라졌을지 몰라요. 로버트는 짤막한 꼬리를 살랑살랑 흔드는 떠돌이 개에게 스터비라는 이름을 지어 주었어요.

1916년에 태어난 스터비는 촉촉한 코와 검은 눈동자, 갈색과 하얀색 털이 뒤섞인 테리어 종이었죠. 미국 코네티컷 군사 훈련지에서 발견되었을 당시에는 집 없는 강아지에 불과했어요. 로버트와 병사들은 스터비를 보는 순간 마음을 빼앗겼어요. 그래서 1차 세계 대전을 치르기 위해 유럽으로 갈 때 스터비를 배에 몰래 태우기로 결심했어요.

개가 탑승한 사실을 알게 된 함장은 몹시 화가 났어요. 한쪽 앞발을 들어 '거수경례' 하는 법을 배운 스터비는 함장에게 경례를 했고, 크게 감동한 함장은 스터비를 계속 배에서 살게 해 주었어요. 다른 군인처럼 목에 특별 인식표를 단 스터비는 마침내 프랑스로 향했어요. 유럽에 도착했을 때 스터비는 인식표를 달 가치가 있다는 사실을 보란 듯이 증명했어요.

전쟁터로 나가다

스터비는 로버트와 병사들이 가는 곳이라면 어디든 따라갔어요. 심지어 전쟁터까지요. 총탄이 공중에서 요란하게 터지는데도 병사들 곁에 머무르며 두려움을 이겨내고 맹활약했어요. 적군이 독이 든 머스터드 가스를 발사할 때 먼저 냄새를 맡은 스터비가 요란하게 짖었고, 덕분에 병사들은 가스 마스크를 신속하게 쓸 수 있었어요. 폭탄이 날아오는 소리가 들리면 스터비는 확실하게 경고하기 위해 길게 짖었어요. 또, 전쟁터에서 부상병을 찾기도 하고, 야영지에 잠입한 적군의 첩자를 발견해 알리기도 했어요.

> "퍼레이드에 설 때마다 스터비는 자수가 새겨진 샤모이 가죽 외투를 입었다. 외투는 계급장과 메달, 배지, 단추 그리고 기라성 같은 전리품들로 장식되었다."
>
> 뉴욕 타임스

스터비의 놀라운 삶을 바탕으로 한 만화 영화 포스터(왼쪽)와 군복을 입은 서전트 스터비

1차 세계 대전이 끝날 때까지 스터비는 열일곱 번의 전투에 나갔어요. 전투를 치르다 수류탄에 부상을 당해 의무병에게 치료를 받기도 했어요. 미군은 스터비의 용기와 투지에 크게 놀랐어요. 그 결과 스터비는 많은 훈장을 받았어요. 사람들은 스터비를 '서전트 스터비'라고 부르기 시작했어요. 서전트는 '병장'이라는 뜻으로 사병 중에서 가장 높은 계급이에요.

역사가 되다

미국으로 돌아왔을 때, 스터비는 사람들의 엄청난 관심을 받았어요. 로버트와 함께 살면서 큰 군대 퍼레이드를 이끌었고, 세 명의 역대 미국 대통령을 만났어요. 1926년 세상을 떠난 스터비는 스미스소니언 국립 미국사 박물관에 전시되었어요. 그곳에 가면 지금도 스터비를 볼 수 있어요. 로버트는 스터비에 대한 책을 여러 권 썼어요. 스터비가 전쟁터에 나간 지 100년 만에 스터비의 삶을 담은 만화 영화가 만들어지기도 했어요. 스터비는 충직한 개였어요. 그리고 동물이 인간의 삶에 얼마나 큰 영향을 끼칠 수 있는지를 보여 주는 본보기가 되었죠. 스터비는 1차 세계 대전의 영웅 중에 가장 덩치가 작았지만, 엄청난 용기를 보여 주었어요.

> "스터비는 퍼레이드에서 미군을 이끌었다. 훗날 우드로 윌슨 대통령과 함께 시간을 보내기도 했다. 또한 백악관을 두 번 방문했으며, 하딩 대통령과 쿨리지 대통령도 만났다."
>
> 스미스소니언 국립 미국사 박물관

구조와 보호

빈티 주아

어린 남자아이를 구한 고릴라

동물원에서

세상의 위대한 동물 중에는 위험한 동물도 있어요. 사자, 백상아리, 바다악어를 떠올려 보세요. 똑똑하고 날렵하며 힘이 굉장히 세지요. 고릴라의 경우도 마찬가지예요. 고릴라는 예사롭지 않은 동물이에요. 대체로 아주 침착하죠. 하지만 인간보다 훨씬 힘이 세고, 화가 나면 매우 사나워져요. 그래서 세 살 남자아이가 동물원의 고릴라 우리에 떨어졌을 때, 사람들은 크게 겁을 먹었어요. 그 아이에게 무슨 일이 일어났을까요?

사고 당시 고릴라 우리에는 일곱 마리의 고릴라가 살고 있었어요. 그중 빈티 주아라는 이름을 가진 고릴라는 여덟 살이었지만 이미 거대한 몸으로 성장했어요. 빈티 주아는 서부로랜드고릴라로 근육질의 팔, 짙은 털, 반짝이는 갈색 눈을 갖고 있었어요. 사는 곳은 미국 시카고 근교의 브룩필드 동물원이었어요.

빈티 주아가 살던 시카고 인근의 브룩필드 동물원 입구

뜻밖의 손님

1996년 8월 무더운 어느 날, 빈티 주아와 고릴라들에게 뜻밖의 손님이 찾아왔어요. 높은 울타리로 둘러싸인 고릴라 우리는 땅을 넓게 움푹 파서 만들었어요. 어린이들이 위에서 고릴라들을 잘 내려다볼 수 있도록 말이죠. 하지만 세 살 남자아이가 너무 신이 난 나머지 안전거리보다 훨씬 더 가까이 다가갔어요. 어른들이 말릴 새도 없이 아이는 울타리에 올라섰고, 순식간에 끔찍한 일이 벌어졌어요. 아이가 고릴라 우리 안으로 떨어진 거예요.

7미터가 넘는 높이에서 떨어진 아이는 머리를 세게 부딪쳐 일어나지 못했어요. 여기저기서 비명이 들려왔어요. 아이가 홀로 고릴라들과 있게 된 거예요. 아이는 괜찮을까요? 고릴라가 아이를 해치지 않을까요? 사람들은 공포에 질려 있었고, 고릴라들은 우왕좌왕했어요. 그때 빈티 주아가 움직임이 없는 아이에게 다가가 인형을 잡듯 가볍게 안아 올렸어요.

사람들은 겁에 질려 발만 동동 구르고 있었어요. 고릴라가 어린아이에게 무슨 짓을 할지 몰랐거든요. 아이를 안은 빈티 주아는 천천히 우리를 가로질러 걸어가 울타리 앞에 앉았어요. 그러고는 아이를 자신의 무릎에 눕혀 안전하게 지켜 주었어요. 조련사들이 와서 도와주기를 얌전히 기다리면서요.

> "미국에서 털이 가장 많은 착한 사마리아인이 친절한 마음을 베푼 사람에게 주는 상을 받았다. 수많은 사람이 찾아왔고, 열렬한 팬들이 과일 바구니를 보냈다. 모두 빈티 주아를 위해서다."
>
> ABC 뉴스

역사가 되다

놀랍게도 빈티 주아는 아이를 돌본 거예요. 아이는 완전히 회복되었고, 아이를 구한 고릴라 이야기는 전 세계 뉴스에 실렸어요. '태양의 딸'이라는 아름다운 뜻을 가진 빈티 주아는 아주 유명해졌고, 많은 사람이 그녀를 보기 위해 동물원으로 찾아왔어요.

빈티 주아는 다친 아이를 왜 보호했을까요? 어떤 전문가는 빈티 주아가 아기 때 조련사의 보살핌을 받아 사람에게 긴밀한 유대감을 갖고 있기 때문이라고 생각했어요. 또 어떤 전문가는 엄마가 아기를 보살피는 본능적인 행동이었다고 생각했어요. 진실이 무엇이든 상관없어요. 빈티 주아는 고릴라가 무서운 동물이지만 세심한 동물일 수도 있다는 증거를 보여 주었으니까요.

트래커

9.11 테러 사고 이후 마지막 생존자를 발견한 개

비극적인 날

경찰견은 종종 위험한 상황에 뛰어들기 때문에 용감하고 침착하고 성실해야 해요. 그러기 위해서는 많은 훈련을 받아야 해요. 눈과 귀를 통해 재빨리 상황을 판단하고, 날렵한 다리를 이용해 빠르게 달리고, 미세한 냄새도 잘 맡아야 하죠. 이 이야기의 영웅인 트래커는 놀라운 능력을 갖고 있었어요.

2001년 9월 11일은 비극적인 날이었어요. 두 대의 비행기가 미국 뉴욕의 세계무역센터 쌍둥이 빌딩으로 돌진했어요. 건물이 무너지면서 안에 있던 수천 명의 사람이 깔렸고, 상당수가 목숨을 잃었어요. 가까스로 살아남은 사람들은 건물 잔해에 갇혀 있었죠. 이들을 살리려면 빠른 시간 내에 구조해야 했어요. 도시가 혼돈과 공포에 빠져 있을 때, 긴급 구조대가 신속히 구조 활동에 나섰어요.

탐색 구조견은 건물 잔해에서 생존자를 찾기 위해 노력했다.

구조에 나서다

수백 명의 지역 소방관이 다급하게 출동했어요. 뉴욕 밖에서도 수많은 사람이 생존자를 찾기 위해 달려왔어요. 그중에는 제임스 시밍턴이라는 캐나다 경찰도 있었어요. 제임스가 사는 곳은 뉴욕에서 자동차로 열네 시간이나 떨어진 지역이었지만, 뉴스를 보자마자 한걸음에 달려갔어요. 체코에서 훈련을 받은 저먼 셰퍼드 종의 경찰견 트래커도 함께였지요.

제임스는 밤새도록 차를 몰아 뉴욕에 도착했어요. 건물이 붕괴된 지 거의 하루가 지난 시점이었어요. 일곱 살 트래커는 캐나다에서 중요한 일을 많이 했어요. 범인을 잡기도 하고 도난당한 재산을 찾아내기도 했어요. 영리한 트래커는 이번에는 건물 잔해에 갇힌 사람들을 찾는 아주 중요한 임무를 맡았어요.

9.11의 다른 개들

건물이 무너진 뒤 300마리나 되는 개들이 뉴욕에서 구조팀을 도왔어요. 그리고 다른 영웅도 있었죠. 골든레트리버 종인 로젤은 시각 장애가 있는 주인이 건물이 무너지기 전에 밖으로 나오도록 길을 안내했어요. 다른 골든레트리버인 니키는 사고 후 몇 달 동안 구조대원들의 마음을 위로해 주었어요.

놀라운 구조에 성공한 뒤 훈련관 제임스와 함께 있는 트래커

어느 때보다 아주 어려운 일이었어요. 건물의 잔해는 마구잡이로 쌓여 있었고, 연기와 먼지가 뒤섞여 앞이 잘 보이지 않았어요. 하지만 트래커는 결코 포기하지 않았어요. 뛰어난 후각으로 구석구석 살피며 생존자를 찾기 위해 노력했어요. 몇 시간 뒤, 구조팀은 더이상 생존자를 찾을 수 없을 것 같다고 생각했어요. 하지만 건물이 무너진 지 꼬박 27시간이 되었을 때, 똑똑한 트래커는 잔해에 갇힌 채 거친 숨을 몰아쉬고 있는 사람을 찾았어요.

역사가 되다

트래커가 발견한 사람은 제넬이라는 여자였어요. 제넬은 마지막 생존자였어요. 그녀가 구조되었다는 소식은 사람들 마음에 작은 위로가 되었어요. 오늘날 우리는 트래커를 용기와 투지로 가득찬 놀라운 동물의 본보기로 기억하고 있어요. 트래커는 희망을 포기하지 않는 것이 얼마나 중요한지를 보여 주었어요.

2009년, 트래커는 세상을 떠났어요. 과학자들은 트래커의 특별함 때문에 체세포의 작은 부분을 이용해 복제 개를 만들겠다고 결심했어요. 그리고 같은 해 트래커의 복제 강아지, 트러스트, 밸러, 살러스, 프라더지, 데자부가 태어났어요. 트래커는 세상을 떠났지만, 세상은 트래커를 절대 잊지 못할 거예요.

> **" 탐색 구조견이 자신들의 감각을 이용해 건물 잔해에 묻혀 있던 사람들을 찾아낸 건 멋진 일이었어요. 정말 기쁜 순간이었죠. "**
>
> 트래커가 발견한 생존자 제넬 구즈먼 맥밀런

더피

전쟁터에서 부상병을 운반한 당나귀

전쟁터에서 재난을 겪다

호주의 도시 애들레이드에는 두 남자와 당나귀 청동상이 있어요. 한 명은 당나귀를 몰고 있고, 다른 한 명은 당나귀 등에 앉아 있어요. 이 당나귀는 호주에 한 번도 발을 들여놓지 않았지만 아주 유명한 존재가 되었어요. 이유가 무엇일까요?

1차 세계 대전은 너무나 끔찍했어요. 특히 호주와 뉴질랜드 군인들은 다른 어떤 전쟁보다 터키 지역에서 벌어진 갈리폴리 전투를 더 많이 기억하고 있어요. 당시 호주, 뉴질랜드, 영국, 아일랜드, 프랑스 군인들이 적군의 중요한 지역을 함락하기 위해 애썼지만 계획대로 되지 않았어요.

전쟁에서 더피가 도왔던 사람들과 더피를 기억하기 위한 동상

1915년 4월 25일, 호주와 뉴질랜드 군인들은 작은 만을 건너 해안에 상륙하라는 명령을 받았어요. 군인들이 받은 임무는 생각보다 훨씬 더 어려웠어요. 군인들이 해안에 도착한 지 몇 주만에 공격을 받고 상당수가 사망하거나 끔찍한 부상을 당했어요. 그런데 이렇게 어려운 상황에서 당나귀 한 마리가 누구도 예상하지 못한 영웅이 되어 주었어요.

당나귀의 임무

젊은 군인이었던 존 심슨 커크패트릭이 어디에서, 어떻게 당나귀를 발견했는지는 누구도 확실히 알지 못해요. 어쩌면 당나귀는 군대를 위해서 물을 날랐거나 그곳의 농부가 키우던 가축이었을지도 몰라요. 존은 다친 병사를 들것에 옮겨 안전하게 나르는 일을 했어요. 그런데 많은 병사가 총을 맞고 쓰러지자 존은 들것보다 더 좋은 방법이 필요하다고 생각했어요. 결국 무시무시한 전쟁터에서 당나귀가 그 일을 맡게 되었지요.

구조와 보호

존은 부상병을 찾아서 당나귀 등에 태우고 바위 계곡 아래로 데려갔어요. 그리고 해변에 안전하게 내려 주었어요. 전쟁터는 아주 끔찍했어요. 하지만 성실한 당나귀는 심각한 부상을 당한 군인을 등에 싣고 매일매일 언덕길을 내려가 위험한 곳을 벗어났어요.

> **존 심슨 이등병과 작은 당나귀는 모든 사람의 존경을 받았어요. 그들은 밤낮을 가리지 않고 임무를 수행했지요.**
>
> 갈리폴리 전투에 나간 존 모나쉬 대령

다리 다친 군인을 돕고 있는 더피와 존

전쟁에서 일어난 일은 확실하지 않을 때도 있어요. 어떤 사람은 당나귀 이름이 '압둘'이나 '머피'였다고 해요. 하지만 대부분은 '더피'라고 했어요. 어떤 사람은 존이 동료를 구하기 위해 여러 마리의 당나귀를 이용했다고 말하기도 했고요. 그러나 우리가 확실히 알 수 있는 사실은 24일이 넘는 시간 동안 많은 사람의 생명을 구한 존재가 위태로운 여정을 감수한 침착하고 든든한 당나귀였다는 거예요.

역사가 되다

더피의 이야기는 유명해졌어요. 더피는 존과 함께 300명이나 되는 군인을 계곡 아래로 옮겼다고 해요. 매년 4월 25일이면 호주와 뉴질랜드 사람들은 갈리폴리 전투에서 전사한 군인을 기리기 위해 '앤잭 데이'라는 특별한 날을 보내요. 사람들은 그곳에서 싸우다 죽은 군인과, 생존해서 끝까지 전투를 치른 군인을 기억해요. 한 병사와 아주 용감한 당나귀도 기억하죠. 당나귀 더피가 없었다면 훨씬 더 많은 사람이 목숨을 잃었을 거예요.

린 왕

역사를 장식한 코끼리

전쟁 동안 일하다

두 나라 군대에서 일하고 86번의 생일을 치른 린 왕은 놀라운 삶을 산 특별한 코끼리예요. 대부분의 코끼리가 보지 못한 것을 보았고 하지 못한 일을 해냈어요. 그리고 믿기 어려울 만큼 오래 살았고, 아시아에서 가장 유명한 동물 중 하나가 되었어요.

린 왕은 1917년에 미얀마(당시 이름은 버마)라고 하는 동남아시아의 더운 나라에서 태어났어요. 우리는 린 왕의 어린 시절에 대해 많이 알지 못하지만, 보통의 어린 코끼리처럼 린 왕도 크고 강하고 빠르게 성장했을 거예요. 당시에는 전쟁 중에 코끼리에게 일을 시켰어요. 코끼리는 아주 무거운 물건을 번쩍 들 정도로 힘이 셌으니까요. 2차 세계 대전에서 미얀마를 침략한 일본군은 군용 물자를 옮기기 위해 미얀마의 코끼리를 부렸는데 그들 중 하나가 린 왕이었지요.

물론 코끼리가 하고 싶어서 선택한 일은 아니었어요. 그렇지만 군인에게 코끼리는 매우 유용한 동물이었어요. 실제로 쓸모가 많았던 린 왕은 곧 또 다른 군대에 가게 되었어요. 1943년, 많은 중국군이 일본군과 싸우기 위해 미얀마에 도착했어요. 중국군은 린 왕을 포함한 열세 마리의 코끼리를 포획했어요.

린 왕은 중국군을 위해 통나무와 무거운 무기를 운반해야 했어요. 중국군은 린 왕에게 마음을 빼앗겼어요. 고작 스물여섯 살이었지만 하얗게 빛나는 상아를 가졌고 아주 위풍당당했거든요. 그들은 '아름답다'는 뜻의 아 메이라는 이름을 새로 지어 주었어요.

나이가 들다

린 왕은 다른 코끼리와 함께 북쪽으로 걸어서 중국으로 갔어요. 그러고 나서 대만으로 끌려가 엄청난 양의 짐을 들어야 했어요. 1954년, 중국군은 점점 나이가 드는 린 왕이 동물원에서 사는 게 좋겠다고 결정했어요.

우리가 지금 부르는 린 왕이라는 이름을 지어 준 사람은 타이베이 동물원의 조련사였어요. '숲의 왕'이라는 뜻의 린 왕은 남은 삶을 동물원에서 보냈어요. 많은 코끼리가 60번째 생일을 넘기지 못했지만, 린 왕은 오래오래 살며 유명해졌어요. 아주 늙었기 때문에 '린 할아버지'라는 별명도 생겼어요. 동물원은 린 왕의 66번째 생일에 특별 잔치를 열어 주기도 했어요. 많은 사람이 린 왕을 보러 왔고, 동물원은 해마다 '린 할아버지'를 위한 생일잔치를 했어요.

전쟁 중 중국군과 함께 있는 린 왕

> 할아버지의 자녀, 또 그 자녀의 자녀들까지 린 왕을 보았어요. 우리가 나이를 먹었을 때도 린 왕은 살아 있었지요.
>
> 타이베이 시장 마 잉-주

> 린 할아버지는 단순히 아주 늙은 코끼리가 아니라 문화의 아이콘이자 여러 나라의 역사가 얽혀 있는 생명의 유산이다.
>
> ABC 뉴스

역사가 되다

린 왕은 여든여섯 살까지 살았어요. 그때 당시 나이가 가장 많은 아시아의 유명 코끼리였죠. 기네스북에 이름을 올리기까지 했어요. 늙은 코끼리 린 왕은 인기가 많아서 죽었을 때 수천 명의 사람이 작별 인사를 하러 왔어요. 아이들은 린 왕을 기억하기 위해 동물원에 무료로 입장할 수 있었고, 시장은 린 왕을 '타이베이 명예시민'으로 추대했어요. 절대로 린 왕을 잊지 않겠다는 뜻이었지요.

린 왕의 몸은 잘 보존되어 현재 타이베이 동물원에 전시되고 있어요. 그래서 전 세계 사람들은 아주 특별한 삶을 산 특별한 코끼리 린 왕을 기억하게 되었어요.

라이카

우주 비행사가 된 개

우주에서 길을 잃다

역사를 바꾼 작은 개 이야기가 있어요. 갈색과 하얀색 털에 끝이 뾰족한 귀를 가진 이 개는 러시아 모스크바의 길거리에서 혼자 살았어요. 그러던 어느 날, 우주 센터 과학자들이 개를 데려가 러시아어로 '요란하게 짖는 동물'을 뜻하는 라이카라는 이름을 지어 주었어요. 머지않아 전 세계 사람들이 그 이름을 알게 되었지요.

1950년대에 러시아(당시에 불렸던 이름은 소비에트 연방)와 미국은 치열하게 경쟁했어요. 두 나라는 사람을 최초로 우주에 보내기 위해 안간힘을 썼어요. 러시아인들은 아주 훌륭한 우주선을 만들었지만 인간 우주 비행사가 안전하게 타고 날아갈 수 있는지 확신할 수 없었어요. 그래서 안전을 확인하기 위해 우주선에 개를 태워 보내기로 결정한 거예요. 바로 이것이 라이카의 임무였지요.

> "라이카는 조용하고 매력적이었어요. 나는 라이카에게 좋은 일을 해 주고 싶었죠."
>
> 라이카를 집에 데려가 아이들과 만나게 해 준 과학자 블라디미르 야즈도프스키 박사

궤도로 발사하다

러시아 과학자들은 라이카를 훈련시켰어요. 우주선 조종석과 비슷한 크기의 개 집에 라이카를 넣었어요. 옴짝달싹하기 힘든 좁은 공간에 익숙해질 수 있도록 한 거예요. 우주에 가면 어떤 느낌인지 준비시키기 위해 라이카를 원심 분리기에 넣기도 했고, 우주에서 먹어야 할 젤리같은 특별한 음식을 주기도 했어요. 우주 센터 과학자들은 라이카를 굉장히 좋아했어요. 라이카를 집에 데려가 아이들과 함께 놀게 해 주기도 했어요. 어느새 라이카가 출발할 날이 점점 다가오고 있었어요.

특별하게 고안된 우주 기구에서 임무를 위해 훈련받는 라이카

1957년 11월 3일, 우주선 스푸트니크 2호가 러시아의 한적한 곳에서 발사되었어요. 우주선은 높이 약 4미터에 은색 원뿔 형태였는데, 과학자들은 우주선 안을 가득 채운 무선 송신기와 기계를 통해 비행 중에 무슨 일이 일어나고 있는지 알 수 있었어요. 모스크바 길거리에서 외롭게 살던 개 라이카는 이제 우주에 간 최초의 생명체가 되었어요. 나이는 겨우 두 살이었지만, 세계 최초의 우주 비행사가 된 거예요.

역사가 되다

라이카가 지구 위 높은 곳에서 특별한 임무를 수행하며 얼마나 오랫동안 살아 있었는지 정확히는 몰라요. 우리가 아는 사실은 라이카가 이륙 후 몇 시간을 살았다 하더라도 우주 비행 내내 생존하지는 못했다는 거예요. 라이카에 대한 소식이 세상에 알려지자, 어떤 사람은 러시아 과학자들이 개를 이런 식으로 이용했다는 사실에 분노했고, 또 어떤 사람은 라이카 덕분에 우주 여행에 대해 훨씬 많이 알게 되었다고 생각했어요.

누구도 라이카에게 우주에 가고 싶은지 물어보지 않았지만 라이카는 아주 무서운 경험을 해야 했어요. 스푸트니크 2호를 탄 라이카의 비행은 세계적인 관심을 받아 배지와 도장, 카드, 포스터에 등장했고, 비행한 지 50년이 지난 후 모스크바에서는 라이카에게 감사하기 위해 특별한 지위를 주기도 했어요. 우주에 간 최초의 개가 없었다면 우주에 간 최초의 인간도 없었을 거예요.

스푸트니크 2호와 함께 폴란드 우표에 등장한 라이카

> " 소비에트 연방은 최초로 생명체를 우주로 발사했다. 라이카는 지구 상공 약 1500킬로미터를 여행하고 있다. "
>
> 1957년 11월 BBC 뉴스 기사

로보

거럼포 골짜기를 호령한 늑대

야생에서 사는 늑대

늑대는 사람이 기를 수 있는 동물이 아니에요. 거칠고 꾀가 많고 강한데다 아주 날카로운 이빨과 두꺼운 털을 가지고 있지요. 먹이를 찾아 돌아다니기도 하고 한밤중에 으르렁거리거나 요란하게 울부짖기도 해요. 사람들은 줄곧 늑대를 두려워했어요. 하지만 늑대는 감동을 주는 동물이기도 해요. 그중 최고는 미국 뉴멕시코의 황무지에서 살던 로보라는 늑대예요. 로보는 아주 크고 아주 사나웠어요. 사람들은 로보를 '거럼포의 왕'이라고 불렀어요.

당시 사람들은 소와 양을 잡아먹는 늑대를 사냥하려고 했어요. 로보가 살던 바위투성이 거럼포 골짜기에서 많은 늑대가 사냥을 당했지요. 1893년 10월, 어니스트 톰프슨 시턴이라는 남자가 총을 갖고 골짜기에 도착했어요. 시턴은 수백 마리의 소를 먹어치운 커다란 회색 늑대 로보에 대해 이미 알고 있었어요. 많은 사냥꾼이 로보를 잡기 위해 덫을 놓았지만 실패했어요. 늑대 전문 사냥꾼이었던 시턴은 로보를 꼭 잡고 싶었어요.

어니스트 톰프슨 시턴은 전문 사냥꾼이었으나 훗날 성공한 작가이자 화가, 자연주의자가 되었다.

하지만 쉽지 않았어요. 로보는 단순히 덩치만 큰 게 아니라 아주 똑똑하기까지 했거든요. 로보는 다섯 마리의 늑대 무리를 이끄는 우두머리였어요. 늑대 무리는 몇 년 동안 소와 양을 잡아먹었고, 사람들이 나타나면 언덕으로 사라졌지요. 목동과 양치기는 로보와 늑대 무리를 잡는 사람에게 천 달러의 상금을 주겠다고 약속했어요. 시턴은 계획이 필요했어요.

끔찍한 덫

시턴은 로보가 사냥하는 장소에 독이 든 커다란 고기 덩어리 네 개를 두었어요. 그리고 다음 날 고기 덩어리를 살펴보러 갔어요. 첫 번째 고기는 사라졌어요. 두 번째 고기도 마찬가지였어요. 그리고 세 번째도요. 시턴은 기뻤어요. 로보가 독이 든 고기를 먹은 게 틀림없다고 생각했거든요. 그런데 네 번째 고기 덩어리를 보러 간 시턴은 깜짝 놀랐어요. 로보가 그곳에 다른 세 개의 고기 덩어리를 옮겨 둔 거예요. 모두 먹지 않고 그대로 쌓아 두었지요.

로보는 시턴의 덫을 영리하게 피했어요. 시턴은 독이 든 고기를 더 많이 놓았지만 냄새를 맡은 로보는 덫에 걸리지 않았어요. 같은 방법으로는 영리한 로보를 도저히 잡을 수 없을 것 같았던 시턴은 새로운 계획을 생각해 냈어요. 로보가 좋아하는 블랑카라는 하얀 암컷 늑대를 대신 잡아가기로 한 거예요. 또 다른 덫이었지요.

블랑카가 사라졌다는 사실을 깨달은 로보는 며칠 동안 슬프게 울면서 블랑카를 찾아다녔어요. 이것은 끔찍한 실수였어요. 시턴이 근처에 100개가 넘는 덫을 놓아 둔 상태였거든요. 다음 날 아침, 다리가 모두 덫에 걸린 채 속수무책으로 누워 있는 로보를 발견한 시턴은 로보에게 총구를 겨누었어요. 하지만 쏠 수 없었어요. 로보에게서 용기와 사랑, 총명한 늑대의 모습을 본 거예요. 결국 시턴은 총을 내렸어요. 이렇게 로보를 죽일 수는 없었어요. 하지만 로보의 투쟁은 곧 끝났어요. 덫에 걸려 다친 지 하루 만에 죽고 말았거든요.

> **" 로보의 죽음 이후 토종 야생 동물의 존재 자체만으로도 고귀한 유산이라는 사실을 사람들 마음 깊이 새겨 주고 싶었어요. "**
>
> 어니스트 톰프슨 시턴

역사가 되다

로보의 죽음은 시턴에게 큰 영향을 끼쳤어요. 시턴은 야생 동물에 대해 많은 책을 썼는데, 첫 이야기는 로보에 대한 것이었어요. 로보의 이야기를 통해 사람들은 늑대에 대한 다른 시각을 갖게 되었고, 야생 동물들이 넓은 공간에서 살 수 있도록 힘썼어요. 시턴은 미국 보이스카우트를 설립하고 자연과 야외 활동에 대한 어린이 교육 프로젝트도 시작했어요.

로보는 시턴이 아이들에게 야외 활동과 자연의 중요성을 가르치는 보이 스카우트를 설립하도록 영감을 주었다.

자라파

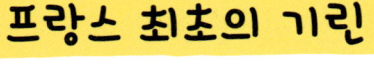
프랑스 최초의 기린

아프리카를 벗어나다

많은 동물은 먼 거리를 이동해요. 하지만 자라파만큼 멀리 여행한 동물은 없을 거예요. 아름다운 기린 자라파의 삶은 아프리카 평원에서 시작됐고, 프랑스를 횡단한 뒤 파리의 넓은 도로에서 끝났어요.

자라파 이야기는 1824년에 시작해요. 당시 강력한 통치자였던 이집트 총독은 프랑스 왕에게 선물을 보내기로 결심했어요. 왕족이나 지도자가 자신의 부를 과시하기 위해 값비싼 선물을 교환하는 것은 일반적이었어요. 총독은 값비싼 보석이나 비단 대신 아주 독특한 것을 보내기로 했어요. 기린을 선물하기로 한 거예요. 아프리카 황무지에서 사냥꾼에게 포획된 자라파는 너무 약해서 제대로 걸을 수도 없는 아기 기린이었어요. 자라파는 낙타에게 묶여 나일강 둑으로 옮겨졌고, 작은 배를 타고 지중해로 향했어요.

그곳에서 다시 옮겨탄 돛단배는 천장이 너무 낮아서 갑판에 구멍을 내야 했고, 자라파는 머리와 목을 공중에 쑥 내밀고 있었어요. 배는 자라파를 태우고 2500킬로미터를 항해해 프랑스의 도시 마르세유로 갔어요.

기린이 처음으로 프랑스에 발을 들여놓는 순간이었어요. 사람들은 긴 목과 우아한 속눈썹, 점박이 털을 가진 자라파에게 눈을 떼지 못했어요. 하지만 자라파의 대단한 이야기는 이제 시작이에요.

왕은 북쪽으로 800킬로미터 떨어진 파리에 살았어요. 프랑스를 가로질러 기린을 옮길 수 있는 방법은 없었기 때문에 자라파는 직접 걸어가야 했지요.

파리로 가는 길

프랑스를 가로지르는 놀라운 행진은 1827년 5월에 시작되었어요. 자라파를 돌보는 일은 동물에 대해 많이 아는 박물학자가 맡았어요. 그는 자라파가 몸을 따뜻하게 유지할 수 있도록 특별한 노란 망토를 입혀 주었고, 발을 보호하도록 신발을 신겨 주었어요. 자라파의 건강을 위해 우유를 제공할 소 몇 마리가 동행하기도 했어요.

> **"자라파는 대중의 관심을 차지하고 있다. 파리 사람들은 온통 그 기린 얘기뿐이다."**
> — 라 판도르 신문

파리는 기린을 보려고 몰려온 수많은 사람으로 가득찼다.

사람들은 이국적인 기린을 잠깐이라도 보기 위해 멀리에서 달려왔어요. 리옹이라는 도시에 도착했을 때는 3만 명의 사람이 자라파를 보려고 거리를 가득 메웠어요. 자라파는 스타가 되었어요. 다음 날도, 그 다음 날도 계속해서 걸었어요. 과수원과 포도밭, 언덕과 숲, 성과 시골 마을을 지나갔어요. 마침내 마르세유를 떠난 지 40일이 지나고, 자신이 태어난 아프리카 평원으로부터 5천 킬로미터를 이동하고 나서야 자라파는 파리에 도착했어요.

역사가 되다

왕궁에서 왕을 만난 뒤 자라파는 파리 식물원으로 갔어요. 10만 명이 넘는 파리 시민들이 몰려와 감탄하며 자라파를 바라보았어요. 화가들은 자라파의 그림을 그렸고, 작가들은 자라파에 대한 이야기를 썼으며, 제빵사들은 기린 모양의 비스킷을 만들었어요. 여성들은 점박이 무늬 드레스를 입기도 했어요.

자라파는 18년을 파리 식물원에서 살다가 1845년, 평화롭게 세상을 떠났어요. 오늘날 자라파의 몸은 프랑스의 도시 라로셸에 있는 박물관에 전시되고 있어요.

자라파 모양의 비스킷은 파리의 빵집에서 인기를 끌었다.

몽테시엘
최초의 열기구 탑승객이 된 양

놀라운 발명품

시골의 들판이나 높은 산에서 풀을 뜯는 양들의 모습은 쉽게 볼 수 있어요. 그런데 열기구를 타고 있는 양을 본 적 있나요? 이런 진귀한 장면을 보려면 1780년대 프랑스로 가야 해요.

그때는 비행기와 헬리콥터가 발명되기 전이었어요. 하늘에서 볼 수 있는 거라고는 새와 구름뿐이었죠. 그런데 아노네라는 프랑스 마을에 새로운 것을 하늘로 띄우고 싶어 하는 형제가 있었어요. 조제프 미셸 몽골피에와 자크 에티엔 몽골피에였어요. 형제자매가 열네 명이나 되는 몽골피에 형제는 아주 큰 생각을 갖고 있었지요.

몽골피에 형제는 불 위에 놓은 종이 주머니가 안에 갇힌 뜨거운 공기 때문에 떠오른다는 사실을 발견하고는 커다란 풍선도 같은 방식으로 공중에 뜰 수 있는지 궁금했어요. 성공한다면 완전히 새로운 종류의 운송수단이 될 것 같았어요. 이렇게, 승객을 태우고 하늘로 올라가는 풍선을 생각해 내면서 양이 역사책에 등장하게 된 거예요.

열기구 발명가 몽골피에 형제
(조제프 미셸과 자크 에티엔)

몽골피에 형제는 종이와 천으로 거대한 풍선을 만들고 아래쪽에 뜨거운 공기를 모아 둘 구멍을 남겼어요. 1783년 6월 4일, 형제는 마을 공터로 풍선을 가져가 구멍 아래에서 짚과 양털을 태웠어요. 불에서 나온 뜨거운 공기가 가득 차자 풍선이 하늘로 둥실둥실 떠오르기 시작했어요. 사람들은 흥분했어요. 하지만 풍선에는 어떤 승객도 타고 있지 않았어요. 그것은 형제의 다음 계획이 되었지요.

높이 더 높이, 그리고 멀리

3개월 뒤인 9월 19일, 몽골피에 형제는 파리 근교의 베르사유 궁전에서 프랑스 왕 루이 16세와 왕비 마리 앙투아네트에게 승객을 태운 열기구를 보여 주기로 했어요. 10만 명이 넘는 많은 사람이 그 광경을 보기 위해 모였어요.

몽골피에 형제는 열기구에 사람이 탈 수 있는지 확신하지 못했어요. 그래서 세 마리 동물 승객을 태우기로 했어요. 오리와 어린 수탉, 양이었어요. 열기구에 누군가를 태우고 하늘로 올라가는 첫 시도였어요. 그래서 형제는 안전을 확인하기 위해 동물을 태운 거예요. 동물들은 당연히 그 사실을 알지 못했지만 역사적인 순간을 코앞에 두고 있었어요.

> **"** 열기구가 사람들 머리 위로 500미터 정도 올라갔다가 8분 뒤 내려오자 환호가 쏟아졌다. 열기구에 탑승한 양 몽테시엘은 왕실 동물원에서 여생을 평화롭게 마쳤다. **"**
>
> 르 피가로 신문

수많은 관중이 보는 앞에서 열기구는 궁전 위로 500미터 올라갔어요. 그리고 8분 동안 공중에 머물다가 3킬로미터 정도 떨어진 곳에 착륙했어요. 동물들은 모두 살아 있었어요. 사람들이 열기구 착륙 지점에 도착했을 때, 양은 평화롭게 풀을 뜯고 있었어요. 세계 최초의 열기구 탑승객 중 하나인 양의 이름은 몽테시엘이었어요. 프랑스어로 '하늘에 올라가다'라는 뜻이에요.

역사가 되다

몽테시엘은 남은 생을 왕실 동물원에서 살았어요. 수백 년이 흘렀지만 우리는 몽테시엘과 깃털 달린 두 동물 친구들을 기억해요. 열기구 비행이 가능하다는 사실을 깨닫게 해 주었기 때문이지요. 언젠가 들판에서 양을 보거나 하늘에서 열기구를 보게 된다면 프랑스 하늘 위로 높이 떠올랐던 복슬복슬한 몽테시엘을 기억해 주세요.

휴버타
끊임없이 걷고 또 걸은 하마

걷고 또 걷다

남아프리카 공화국은 야생 동물로 아주 유명해요. 무시무시한 사자와 키가 큰 기린, 밝은 깃털을 가진 새들이 살아요. 코뿔소와 코끼리, 표범과 치타, 악어와 하마도 살고요. 그중에서도 하마는 아주 근사한 동물이에요. 하마는 진흙탕에서 뒹굴고, 우렁차게 울고, 크고 육중한 몸을 유지하기 위해 많은 양의 풀을 먹어요. 하지만 1928년, 용감한 하마 휴버타는 거의 3년 동안이나 걷고 또 걸었어요.

휴버타는 콰줄루나탈에 있는 투겔라 강을 건너고 포트엘리자베스를 향해 걸었다.

휴버타는 콰줄루나탈이라고 하는 곳에서 태어났어요. 근처에는 많은 하마가 살고 있는 큰 강이 있어요. 어느 날, 휴버타는 남쪽으로 걷기 시작했는데, 왜 그러는지 아무도 알지 못했어요. 어떤 사람은 잃어버린 친구를 찾기 위해서라고 했고, 또 어떤 사람은 엄마가 죽은 강에서 최대한 멀리 떨어지기 위해서라고 했어요. 아니면 다른 하마들이 오래전에 살았던 곳으로 돌아가려고 그랬을 수도 있지요. 이유가 어찌되었든 휴버타는 사람들이 잊기 힘든 여행을 했어요.

아프리카를 관통한 모험

1928년, 강을 떠난 지 얼마 안 되어서 휴버타는 사람들의 시선을 사로잡았어요. 하마가 혼자 길이나 들판을 걷는 일은 아주 낯설었거든요. 11월에 한 사진사가 농지를 걷는 휴버타의 사진을 찍었어요. 사진이 신문에 나자 사람들은 휴버타의 여행에 큰 관심을 갖게 되었어요. 휴버타는 남쪽으로 멀리, 더 멀리 이동했고, 많은 사람이 휴버타의 모험에 대해 알게 되었어요.

휴버타의 출발지

투겔라 강

움흐랑가

인도양

휴버타는 걷고 또 걸었어요. 몇 개월 동안 많은 도시와 시골을 지났고, 기찻길을 넘어갔어요. 풀을 먹기 위해 종종 멈추기도 했어요. 휴버타는 골프장을 뒤뚱뒤뚱 지나갔고 해변을 따라 걸었어요. 움흐랑가라는 마을에서 오랫동안 쉬었을 때는 많은 사람이 휴버타를 보려고 몰려왔어요. 어느 날 저녁에는 기찻길에서 잠이 들어 기관사한테 쫓겨나기도 했어요. 휴버타는 하마가 살지 않았던 곳들을 여행했어요. 그렇다고 해서 사람들 눈에 쉽게 띄었다는 뜻은 아니에요. 휴버타는 항상 밤에 걸었고, 사람들은 다음 날 커다란 발자국만 보았어요. 사냥꾼들은 휴버타를 잡아서 동물원에 가두고 싶어 했지만 불가능했어요. 휴버타가 여행을 멈추지 않았거든요.

> **" 휴버타는 1928년 줄루란드를 떠났어요. 항구를 지나갔고, 오랫동안 하마가 알려지지 않았던 곳에 머물렀지요. "**
> 「남쪽으로 간 휴버타 Huberta Goes South」의 작가 헤들리 A. 칠버스

역사가 되다

휴버타는 남아프리카 공화국 전역에서 유명해졌어요. 1931년 3월, 걷기 여행을 시작한 지 약 30개월만에 휴버타는 이스트런던이라고 불리는 해안 도시 가까이에 가게 되었어요. 출발지로부터 100개가 넘는 강을 건넜고, 거의 1000킬로미터를 이동한 셈이었죠. 긴 여정은 휴버타가 물속에서 죽은 채로 발견되면서 끝났어요. 휴버타의 죽음은 슬픈 소식이었어요. 그래서 사람들은 휴버타를 박제해서 박물관에 전시했어요. 5주 만에 2만 명이 넘는 사람들이 박물관을 찾아왔어요.

오늘날 우리는 남아프리카 공화국 이스트런던 근교의 아마톨레 박물관에서 휴버타를 볼 수 있어요. 휴버타가 엄청나게 먼 거리를 이동한 이유는 정확히 알 수 없어요. 하지만 휴버타가 자신의 길을 묵묵히 걷는 것을 두려워하지 않고 포기를 몰랐던 사실만은 알고 있지요.

발토

어린이들의 생명을 구한 허스키

고난의 겨울

검은색과 하얀색 털을 가진 허스키 종 발토는 1919년에 태어났어요. 발토는 미국 역사에서 아주 특별한 의미가 있는 동물이에요. 어느 겨울에 발토와 친구 허스키들이 함께한 놀라운 여행 때문이지요.

미국 알래스카 주는 엄청난 추위가 몇 개월 동안 지속되는 곳이에요. 얼음과 눈, 뭐든 꽁꽁 얼어붙게 하는 낮은 기온 때문에 동물들도 살아가기 힘든 지역이지요. 하지만 튼튼하고 성실한 허스키는 이런 추위에 굉장히 익숙해요. 그래서 1925년, 알래스카의 외진 마을에 위험이 닥쳤을 때 허스키들이 구조를 위해 달려왔어요.

알고 있나요?

발토는 1888년, 프리드쇼프 난센과 최초로 그린란드 아이스 캡을 가로지른 사무엘 J. 발토의 이름을 따서 지어졌어요.

1925년 겨울은 어마어마하게 추웠어요. 기온이 영하 45℃까지 내려갔지요. 그런데다 '놈'이라는 해안 마을의 어린이들이 병에 걸렸어요. 의사는 디프테리아라고 하는 고약한 감염병이라는 것을 알게 되었어요. 당시 디프테리아는 전염성이 매우 높은 병이라 아주 위험했어요. 적절한 주사를 맞지 못하면 아이들이 죽을 수 있었죠. 의사는 치료약인 항독소 혈청을 최대한 빨리 구해야 했어요.

하지만 큰 문제가 있었어요. 유일한 혈청은 1200킬로미터 이상 떨어진 도시 앵커리지에 있었어요. 광활하게 펼쳐진 얼음 벌판을 건너가야 했지요. 트럭은 미끄러워 눈 쌓인 거리를 달릴 수 없었어요. 배도 없었고, 비행기도 엔진이 완전히 얼어붙어 띄울 수 없었어요. 선택할 수 있는 방법은 딱 하나였어요. 혈청을 기차에 실어 가장 가까운 역으로 보내면 허스키들이 놈까지 775킬로미터를 실어나르는 거였어요. 아주 위험한 계획이었어요. 어린이들에게 도착할 때까지 시간이 너무 오래 걸릴 것 같았거든요. 하지만 다른 방법이 없었어요.

> "개와 인간의 역사에서 가장 훌륭한 업적으로 여겨지는 일이 있다. 1925년, 개들이 어린 생명을 구하기 위해 디프테리아 혈청을 싣고 얼음에 뒤덮인 알래스카의 놈으로 질주한 것이다."
>
> 뉴욕 타임스

구조에 나선 허스키들

계획은 즉시 실행되었어요. 혈청이 역에 도착하자, 허스키들은 혈청을 받았어요. 그런데 허스키 한 팀이 끝까지 달리기에 놈은 너무 멀어서 한 팀이 먼저 달리고 다음 팀이 물건을 이어 받아 달려야 했어요. 무셔가 혈청을 운반하는 썰매를 조종했어요. 치료제는 점점 놈에 가까워졌어요.

허스키 팀은 달리고 또 달렸어요. 꽁꽁 얼어붙은 황야와 세찬 바람을 가르며 빠르게 질주했지요. 밤낮을 가리지 않고 한 팀에서 다른 팀으로 달리기가 이어졌어요. 시야를 가리는 눈 폭풍이 사방에서 포효하고 있었어요. 어떤 팀은 순록을 피하다 대열이 엉망이 되기도 했고, 어떤 팀은 드넓은 얼음 벌판을 달려야 했어요. 하지만 무엇도 그들을 막지 못했어요. 드디어 발토 팀이 달릴 차례가 되었어요.

눈 내리는 컴컴한 밤에 발토는 자신의 팀과 무셔를 이끌고 빠르게 달렸어요. 마치 아이들의 목숨이 걸린 문제라는 사실을 알고 있는 것 같았지요. 첫 번째 개들이 출발한 지 5일이 지나고 마침내 발토 팀이 놈에 도착했어요. 허스키들의 튼튼한 심장과 빠른 속도와 놀라운 체력 덕분에 어린이들은 치료를 받을 수 있었고, 목숨도 건졌어요.

> "아이들과 어른들은 종종 발토의 동상에 올라가 사진을 찍기도 하고, 발토의 삶을 되새기기도 한다. 명판의 감동적인 글 '인내심 있고 충직했으며 총명했던 개 발토'를 보면서."
>
> 뉴욕 센트럴 파크의 웹사이트

역사가 되다

발토는 놈에 도착한 허스키 팀의 우두머리였기 때문에 유명해졌고, 뉴욕 센트럴 파크에 동상이 세워졌어요. 발토는 모든 신문 1면에 등장했어요. 하지만 발토는 어린이들의 생명을 구하는 데 도움을 준 150마리의 허스키들 중 한 마리일 뿐이었어요. 모든 개 한 마리 한 마리가 용감했어요. 휘몰아치는 눈 폭풍과 매서운 겨울바람을 뚫고 계속 달리려면 강한 투지가 필요해요. 알래스카의 허스키들을 영웅으로 만든 것은 이러한 투지랍니다.

어린이들이 올라가기 좋아하는 뉴욕 센트럴 파크의 발토 청동상

에밀리

대탈출에 성공한 소

무서운 곳에서

모든 동물이 자유롭게 사는 건 아니에요. 어떤 동물은 마음껏 돌아다닐 수 없고 살아 나오지 못하는 아주 무서운 장소로 끌려가기도 해요. 이런 곳을 도살장 또는 도축장이라고 해요.

1995년, 미국 매사추세츠에서 어린 소 에밀리가 도축장으로 끌려갔어요. 에밀리는 그곳이 너무 싫었어요. 죽어서 고깃덩어리가 되고 싶지 않았거든요. 그래서 결단을 내렸어요. 자유를 위해 용감하게 높이 뛰기로 한 거죠.

아주 추운 11월의 어느 날이었어요. 도축장에서 일하던 사람들이 잠시 쉬고 있었어요. 그때 믿기 힘든 일이 일어났어요. 곧 죽을 처지였던 소 한 마리가 도움닫기를 하더니 담장을 펄쩍 뛰어넘어 눈 덮인 들판을 달려 사라졌어요. 세 살 소, 에밀리였어요. 이 대담한 탈출로 에밀리는 스타가 되었어요.

소가 점프를 하는 건 아주 드문 일이에요. 일꾼들은 화들짝 놀랐어요. 에밀리의 몸무게는 750킬로그램으로, 성인 남자 열 명의 무게와 비슷했어요. 게다가 담장 높이는 1.5미터였어요. 작은 여성의 키와 맞먹는 높이였지요. 일꾼들은 허겁지겁 에밀리를 쫓아갔어요. 하지만 재빨리 달아나는 에밀리를 잡을 수 없었어요.

도망 다니다

일꾼들은 도축장 주위에 신선한 건초 더미로 덫을 놓았어요. 에밀리가 건초를 먹으러 올 거라고 생각한 거예요. 하지만 에밀리는 아주 영리했어요. 도축장 근처에 얼씬도 하지 않았거든요. 일꾼들은 시간이 흘러도 에밀리를 잡을 수 없었어요. 다행히도 에밀리에게는 먹을거리가 충분했어요. 근처에 사는 사람들이 뒷마당에 에밀리가 먹을 것을 두었기 때문이었어요. 에밀리는 모험을 즐기는 것 같았어요. 사슴 떼와 함께 숲속을 달리는 모습이 가끔 보이기도 했어요.

에밀리의 탈출 소식은 신문을 통해 온 세상에 전해졌어요. 그런데 한 가족이 에밀리를 기사로 읽는 것에 그치지 않고 더 가치 있는 일을 하고 싶어 했어요. 에밀리를 직접 돌보는 일이었죠. 루이스와 메그 란다는 아이 셋과 함께 피스 아베이 공원 인근에 살았어요. 그들은 채식주의자였기 때문에 고기를 먹지 않았어요. 그리고 에밀리의 안전을 아주 중요하게 여겼어요.

38

신시나티 프리덤

에밀리가 탈출에 성공한 지 7년 만에 다른 소가 같은 일을 했어요. 미국 오하이오 신시나티라는 도시 근처에서 일어난 일이에요. 탈출한 소는 11일을 자유롭게 달렸지만 결국 동물 보호 구역으로 보내졌어요. 그 소는 어떤 이름을 가졌을까요? '신시나티의 자유'를 뜻하는 '신시나티 프리덤'이었어요.

> " 에밀리의 온화하고 사랑스러운 성격을 보며 우리는 지구에서 함께 살고 있는 모든 생명을 더 많이 이해하고 존경하게 되었다. 이것이 그녀의 유산이다. "
>
> 피스 아베이 공원

도망 다니는 에밀리를 잡지 못한 탓에 도축장은 루이스와 메그에게 에밀리를 1달러에 파는 데 동의했어요. 에밀리가 탈출한 지 6주가 지난 1995년 12월 24일이었어요. 루이스 가족은 에밀리를 발견하고는 살살 달래 트레일러에 싣고 집으로 데려갔어요.

메그와 루이스, 아이들, 그리고 새로운 집을 좋아하는 에밀리

역사가 되다

에밀리는 루이스 가족과 7년 반을 평화롭게 살면서 자신을 보러 온 수많은 사람에게 희망과 생존의 상징이 되었어요. 2003년 에밀리는 자연사했고, 유명한 인도의 지도자 마하트마 간디의 동상 뒤에 묻혔어요. 간디처럼 평화로운 삶을 원한 에밀리는 용기를 내서 운명을 바꾸었어요. 오늘날 피스 아베이 공원에는 실물 크기의 에밀리 청동상이 있어요. 등덮개를 덮고 꽃으로 장식한 동상을 보며 우리는 용감하고 아주 특별했던 소를 기억할 수 있어요.

윌리엄 윈저
영국 군대에 간 염소

군대의 전통

염소는 대개 내성적이에요. 산을 오르거나 들판에서 풀을 뜯거나 다른 일을 할 때에도 대부분 조용하며 진지하지요. 그런데 잘생긴 염소 한 마리가 영국 군대의 유명한 일원이 되자, 사람들은 염소가 아주 활기찬 성격일 수도 있다는 사실을 알게 되었어요. 그 염소의 이름은 윌리엄 윈저, 줄여서 빌리라고 불렀어요. 빌리는 평범한 숫염소가 아니었어요.

빌리. 엘리자베스 2세 여왕이 왕립 웰치 연대에 선사.

> **" 빌리는 아주 친절했어요. 전혀 공격적이지 않았어요. 밖에 나가 사람들을 만나는 것을 좋아했어요. "**
> 영국 군대 닉 조랍 대위

이상하게 들릴지 모르겠지만, 수백 년 동안 영국 군대에는 염소가 있었어요. 이러한 전통은 1775년, 영국군이 싸우고 있던 전쟁터에 야생 염소가 나타나면서 시작되었다고 해요. 염소는 군인들이 전쟁터를 무사히 벗어나도록 도왔고, 이후 그 군대는 염소를 마스코트로 삼았어요. 1884년, 빅토리아 여왕은 왕실 동물 중에 염소 한 마리를 그 군대에 선물하기도 했어요. 왕이나 여왕이 군대에 선물한 동물은 단순히 마스코트가 아니에요. 진짜 군인으로 대우를 받지요.

전통은 계속되었어요. 길고 하얀 털과 아름다운 뿔을 가진 캐시미어 종 염소 빌리는 2000년에 태어났어요. 그리고 1년 뒤, 여왕은 빌리를 군대에 선물로 주었어요. 갑자기 새로운 군인이 합류하게 된 거예요. 특별한 염소 군인이요.

퍼레이드와 진급

빌리의 주요 임무 중 하나는 얌전히 있는 거였어요. 시끄러운 퍼레이드나 큰 행사가 있을 때는 더욱 얌전히 굴어야 했지요. 빌리는 임무를 잘 수행했어요. 사실 아주 예의 바르게 행동해서 진급도 했어요. 빌리는 윌리엄 윈저 일병이 되었고, 이등병들은 차려 자세로 빌리에게 거수경례를 해야 했어요. 빌리는 자신을 보살펴 주는 조련사도 있었어요. 염소 담당관으로 알려진 군인, 다이였어요.

다른 염소들처럼 빌리도 먹는 걸 좋아했어요. 가끔은 다른 염소들이 절대 먹으려고 하지 않는 것도 먹었지요. 평범한 먹이도 먹었지만, 하루에 담배 두 개비를 먹기도 했어요. 어떤 때는 맥주를 마시기도 했어요.

하지만 빌리가 언제나 완벽한 건 아니었어요. 군대에 들어간 지 5년이 된 2006년, 여왕의 생일을 축하하는 큰 퍼레이드가 진행 중이었어요. 그런데 빌리가 너무 빠르게 걷는 바람에 다이는 빌리를 통제할 수 없었어요. 빌리는 군대의 드럼 연주자를 머리로 들이받으려고도 했어요. 가여운 빌리는 나쁜 행동을 한 벌로 강등되었어요. 일병이라는 계급을 빼앗겼지요.

영국 재향 군인회 90주년 기념행사에 나선 윌리엄

하지만 빌리는 성격이 아주 좋은 염소였어요. 3개월 뒤 빌리는 부대장을 감동시켰고, 다시 일병이 되었어요. 그리고 3년 동안 자리를 지켰어요. 퍼레이드 맨 앞에서 행진했고, 병사들에게는 거수경례를 받았지요.

> **" 빌리는 아주 훌륭했어요. 여왕 생일에 한 잘못을 여름 내내 반성했고, 당당하게 다시 일병으로 진급했어요. "**
>
> 닉 조랍 대위

역사가 되다

8년 동안 충실히 복무한 빌리는 2009년에 군대에서 퇴역했고, 런던 근처 야생 공원에서 살았어요. 군대에 새로운 염소가 생겼지만 다이와 군인들은 언제나 평화롭고 때때로 장난을 쳤던 네 발 달린 염소 빌리 일병을 결코 잊지 않았어요.

조련사 다이 다비즈 일병과 함께 있는 윌리엄

클라라
유럽을 여행한 코뿔소

인도에서 시작하다

우리는 다양한 방식으로 코뿔소를 묘사할 수 있어요. 힘이 세고 튼튼하며 몸집이 크고 가죽이 두꺼워요. 물론 다른 특징도 많지요. 하지만 여행 경험이 풍부한 동물이라고 설명하지는 못할 거예요. 18세기에 살았던 클라라라는 코뿔소는 여행을 정말 많이 했어요. 클라라는 평생 동안 웬만한 사람들보다 유럽을 더 많이 보았어요.

클라라의 이야기는 1738년 인도에서 시작해요. 사냥꾼 총에 엄마를 잃은 클라라는 태어난 지 몇 개월 만에 혼자 남겨졌어요. 근처에 살고 있던 네덜란드인이 고아가 된 클라라를 발견하고는 데려와 돌보았어요. 클라라는 집 안에 들어가기도 하고, 사람들도 만나고, 가끔은 식탁에 놓인 음식을 먹기도 했어요.

많은 사람이 클라라에게 관심을 보였어요. 얼마 지나지 않아 클라라는 또 다른 네덜란드인 판 데르 메이르에게 팔렸어요. 당시 대다수의 사람들은 살아 있는 코뿔소를 본 적이 없었어요. 판 데르 메이르는 유럽인들이 클라라처럼 특별한 동물을 보려고 기꺼이 돈을 낼 거라고 생각했어요. 그의 돈 벌기 아이디어는 약 17년 동안 이어질 클라라의 여행이 시작된다는 의미였어요.

" 클라라가 18세기 유럽에 끼친 영향력은 엄청났다. 현대의 록 스타와 맞먹는 인기를 누렸다. "
J. 폴 게티 단체

집에서 먼 곳으로

판 데르 메이르는 빠르게 성장하는 코뿔소를 배에 싣고 인도에서 네덜란드로 향했어요. 여행은 수개월이 걸렸어요. 클라라는 갑판 우리에 갇혀 있었어요. 힘들고 긴 여정 동안 선원들은 클라라의 살가죽이 건조해지지 않도록 생선 기름으로 문질러 주었어요. 항해 내내 클라라는 규칙적으로 먹었는데 그중에서도 오렌지를 제일 좋아했어요.

마침내 1741년 7월, 클라라는 항구 도시 레이던에 도착했어요. 사람들은 유럽에서 코뿔소를 직접 볼 수 있다는 사실에 열광했어요.

판 데르 메이르는 특별한 마차를 마련하고 클라라를 이 마을 저 마을로 데려갔어요. 그리고 클라라를 보고 싶어 하는 사람들에게 돈을 받고 표를 팔았지요. 클라라는 유럽 사람들이 보았던 다른 동물과 완전히 달랐어요. 어떤 사람들은 코뿔소가 가짜 동물이라고 생각하기도 했어요. 그래서 클라라가 가는 곳마다 소동이 벌어졌어요.

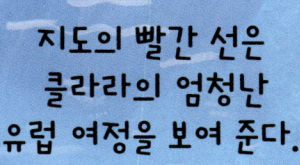

지도의 빨간 선은 클라라의 엄청난 유럽 여정을 보여 준다.

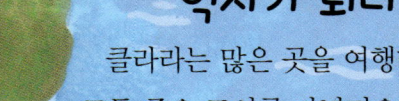

역사가 되다

클라라는 많은 곳을 여행했어요. 17년 동안 중부 유럽의 모든 주요 도시를 다녔지요. 엄청난 양의 건초와 빵과 오렌지를 우적우적 먹으며 점점 더 크게 자랐어요. 클라라는 베를린과 비엔나 왕족을 방문하고, 화물선을 타고 라인강 상류도 올라갔으며, 스위스에서는 많은 관중을 끌어 모으고, 신성로마제국의 황제도 만났어요. 또, 프랑스의 왕을 감동시켰고, 베네치아 축제의 스타가 되었어요. 과학자들은 클라라를 관찰했고, 화가들은 그림을 그렸으며, 시인들은 글을 썼어요. 유럽의 세련된 숙녀들은 클라라 모습에 반해 코뿔소 뿔 모양의 모자를 쓰기도 했어요.

1749년에 장 바티스트 우드리가 그린 클라라

클라라의 유럽 여행은 런던에서 끝이 났어요. 1758년, 런던에서 결국 죽고 말았거든요. 사람들은 클라라가 침착하고 평화로운 코뿔소였다고 이야기해요. 오늘날 우리는 코뿔소에 대해서 많은 것을 알고 있지만 수백 년 전 유럽 사람들에게 코뿔소가 얼마나 대단한 동물인지 깨닫게 해 준 것은 단 한 마리의 코뿔소, 클라라였어요. 클라라 이야기가 아주 특별한 이유랍니다.

점보
슈퍼스타가 된 코끼리

아프리카코끼리

코끼리는 두꺼운 다리, 동그랗게 말리는 기다란 코, 거대한 원통 모양의 몸을 가진 굉장한 동물이에요. 평원을 거닐고, 밀림에서 울부짖고, 아침 식사로 나뭇가지를 꺾어 먹는 코끼리는 수천 년 동안 사람들의 마음을 사로잡았어요. 그래서 19세기에 그림으로만 코끼리를 봤던 사람들이 실제 코끼리를 볼 거라는 생각에 흥분했다는 사실은 놀랍지 않아요.

이 이야기 속 코끼리는 동아프리카 숲에서 태어나 다른 아기 코끼리들처럼 평범한 삶을 살고 있었어요. 많이 먹고 걷는 법을 배우고 주위를 탐험하면서요. 그러나 그 후의 삶은 결코 평범하지 않았어요. 아직 어렸을 때인 1861년, 사냥꾼에게 잡혀서 나일강을 따라 이집트 카이로로 향했어요. 그리고 다시 파리로 끌려갔어요.

어린 동물에게는 놀랍고 당황스러운 힘든 여정이었어요. 마침내 프랑스 도시 한복판에 있는 동물원에 가게 되지만 얼마 후 바다 건너 런던의 동물원으로 다시 옮겨졌어요. 사육사는 빠르게 성장하는 코끼리에게 점보라는 아프리카식 이름을 지어 주었어요. 당시에는 코끼리 점보가 얼마나 유명해질지 전혀 알지 못했어요.

점보는 빅토리아 시대에 사람들을 등에 태워 유명해졌다.(위) 코끼리 장난감이 인기를 끌었다.(왼쪽)

44

서커스단에 들어가다

점보는 17년을 런던에서 보냈어요. 몸은 계속 자라 다른 코끼리보다 훨씬 크고 몸무게도 많이 나갔어요. 점보의 온화한 성격과 커다란 덩치는 손님들에게 큰 인기를 끌었어요. 동물원에 사는 동안 점보는 100만 명이 넘는 아이들을 태워 주었어요. 유명한 미국 서커스 단장 P. T. 바넘이 점보를 사려고 하자 10만 명의 학생들이 점보가 서커스단에 팔려가지 않도록 빅토리아 여왕에게 편지를 쓰기도 했어요.

하지만 학생들의 편지는 소용이 없었어요. 1882년, 점보는 바넘의 서커스단에 팔렸고, 대서양을 건너 뉴욕으로 보내졌어요. 뉴욕에는 거대한 코끼리를 환영하기 위해 많은 관중이 기다리고 있었어요. 순식간에 점보는 미국에서 가장 유명한 서커스단의 슈퍼스타가 되었어요. 음악당에서 점보의 노래가 불렸고, 신문에 점보에 대한 이야기가 실렸으며, 거리에서 점보의 기념품이 팔렸어요.

> **❝ 코끼리 점보는 세상에서 가장 유명한 동물이다. 그리고 영국과 미국의 언론사가 점보에 대해 수많은 기사를 실었다. ❞**
> W. P. 졸리의 책 『점보 Jumbo』 중에서

점보는 P. T. 바넘이 이끈 '세상에서 가장 위대한 쇼'의 스타였다. 점보는 서커스 역사상 최고로 많은 관중을 끌어모았다.

점보는 약 3.5미터까지 키가 자랐어요. 성인 남자 키의 거의 두 배였어요. 그렇게 크다는 것은 점보가 자주 배고파했다는 뜻이기도 해요. 미국 잡지에 따르면 점보는 매일 건초 두 더미, 양파 세 자루, 비스킷 두 바구니, 귀리 두 바구니, 빵 세 덩이에 사과와 오렌지, 무화과, 땅콩, 케이크, 사탕, 물 다섯 동이와 위스키 한 병을 먹었대요.

역사가 되다

점보는 마지막 3년을 서커스단에서 일하면서 보냈어요. 바넘은 점보가 세상에서 가장 큰 코끼리라고 주장했어요. 우리가 확실히 말할 수 있는 것은 점보가 세상에서 가장 유명한 동물 중 하나였지만, 점보의 삶은 순탄하지 않았다는 거예요. 많은 면에서 무척 힘들었지요. 오늘날 '점보'라는 말은 영어로 아주 커다란 것을 의미해요. 이제 여러분이 점보라는 단어를 들으면 인상적인 코끼리 점보를 떠올리게 되겠죠?

론섬 조지
핀타 섬의 마지막 코끼리거북

놀라운 발견

코끼리거북은 서둘러서 무언가를 하지 않아요. 느릿느릿 걷다가 먹고, 또 느릿느릿 걸어요. 재빨리 도망쳐 숨는 것도 쉽지 않아요. 1971년, 과학자들은 갈라파고스 제도 핀타 섬에서 코끼리거북을 처음 발견했어요. 그 거북이 수컷이며, 나이가 60살 정도라는 것도 알아냈어요. 몸무게는 75킬로그램 정도였고, 사람들 눈에 띄지 않으며 섬에서 평화롭게 살고 있었어요. 과학자들은 그가 핀타 섬 최후의 코끼리거북이라는 사실을 밝혀냈어요.

코끼리거북은 아주 오랫동안 핀타 섬에 존재했지만 당시 딱 한 마리만 남아 있었던 거예요. 거북은 근처 섬의 새로운 집으로 옮겨져 보살핌을 받았고, 론섬 조지라는 이름도 얻었어요. '론섬'이라는 말은 외롭다는 뜻이에요. 가여운 조지에게 잘 어울리는 이름이었죠.

> **"조지는 나를 만나러 왔어요. 그리고 잠시 서 있었죠, 입을 벌리고서요. 눈을 깜박이지도 않고 빤히 쳐다보더군요. 무언가 말하고 싶어 하는 것 같았어요."**
>
> 론섬 조지를 돌본 사육사 파우스타 리에레나

천천히 하지만 꾸준하게

사람들은 론섬 조지가 유일한 핀타 섬 코끼리거북이 되지 않게 하려고 조지의 새끼를 만들 방법을 찾아다녔어요. 하지만 엄마가 되어 줄 암컷은 핀타 섬 어디에도 없었어요. 그래서 과학자들은 다른 섬에서 코끼리거북 암컷 두 마리를 데려와 론섬 조지와 함께 살게 했어요. 이 암컷 거북이 조지의 새끼를 낳는다 하더라도 핀타 섬 거북과 똑같지 않을 거예요. 그렇지만 사람들은 조지의 대가 끊기지 않게 하고 싶었어요.

조지와 시간을 보낸 두 마리 암컷 거북이 알을 낳았어요. 하지만 안타깝게도 알은 모두 부화하지 못했어요. 론섬 조지는 느리지만 꾸준한 삶을 계속 살아갔어요. 조지는 세상에서 유일한 핀타 섬 코끼리거북이었기 때문에 아주 유명해졌어요. 기다란 목과 커다란 등딱지 그리고 반짝이는 검정 눈을 가진 조지는 야생 동물 보호와 환경 보호의 상징이 되었어요. 조지를 통해 사람들은 희귀 동물을 보호하는 일이 얼마나 중요한지 깨달았지요.

론섬 조지는 새집으로 이사한 지 40여년 후인 2012년 6월에 평화롭게 죽었어요. 아마 백 살이 넘었을 거예요. 그것은 두 번의 세계 대전, 텔레비전과 제트 엔진 그리고 컴퓨터의 발명을 겪었다는 뜻이에요. 하지만 놀랍게도 핀타 섬 코끼리거북에게 백 살은 아주 젊은 나이였어요. 어떤 거북은 이백 살까지도 살았다고 해요.

역사가 되다

특정 종류의 동물이 영원히 사라질 때 '멸종했다'라고 해요. 안타깝게도 핀타 섬 코끼리거북의 멸종을 막지는 못했지만, 론섬 조지는 지금도 우리에게 영향을 끼치고 있어요. 론섬 조지의 몸은 갈라파고스 제도 내에 있는 특별 연구 건물에 전시되어 자연 보호에 대한 가르침을 주고 있어요. 동물의 멸종은 언제나 슬픈 일이에요. 하지만 점잖은 거인 같은 조지를 기억함으로써 우리는 동물 멸종을 막기 위해 노력할 수 있어요.

에콰도르의 찰스 다윈 연구소에 있는 조지(위), 조지가 살던 갈라파고스 제도의 지도(오른쪽)

> **" 조지는 멸종, 그 자체를 상징해요. 전 세계 사람들은 조지의 삶과 죽음이 남긴 메시지에 마음 아파하고 있어요. "**
>
> 『론섬 조지 Lonesome George』의 작가 헨리 니콜스

클레버 한스

수학을 배운 똑똑한 말

빌헬름의 대단한 아이디어

수천 년 동안 말은 인간의 삶을 편하게 해 주었어요. 먼 거리를 여행하거나 무거운 짐을 나르거나 밭을 가는 데 도움을 주었지요. 말이 할 수 있는 일은 아주 많았지만 누구도 셈을 할 수 있다고 생각하지 않았어요. 그런데 19세기 후반, 독일의 똑똑한 말 한 마리가 사람들의 생각을 바꾸었어요.

빌헬름 폰 오스텐이라는 남자에게는 클레버 한스라는 짙은 갈색의 어린 종마가 있었어요. 퇴직 교사였던 빌헬름은 한스를 타거나 마차를 끌게 하는 대신 덧셈과 뺄셈을 가르치고 싶어 했어요. 숫자를 공부하는 한스의 모습을 본 이웃 사람들은 자신의 눈을 의심했어요. 말이 수학을 공부하다니요! 한스의 수학 공부는 몇 주 동안 계속되었어요. 마침내 1891년, 빌헬름은 한스가 얼마나 똑똑한지 보여 줄 때가 왔다고 생각했어요.

늙은 말과 새로운 속임수

한스를 보기 위해 많은 사람이 몰려왔어요. 사람들은 한스의 능력을 보고 깜짝 놀랐어요. 빌헬름이 수학 문제를 내면 클레버 한스가 앞발굽을 쿵쿵 굴러서 대답했어요. 만일 답이 3이라면 한스는 발을 세 번 쿵쿵쿵 구른 거예요. 한스는 매번 정답을 맞혔고, 그때마다 빌헬름은 당근이나 각설탕을 상으로 주었어요.

한스의 명성이 점점 높아지자 빌헬름은 새로운 것을 가르쳤어요. 한스는 다양한 질문에 발을 쿵쿵 굴러 대답했지요. 예를 들면 시간 맞히기, 동전 구별하기, 물건 색깔 답하기, 심지어 몇 월인지 맞히기까지 했어요. 1월에는 발을 한 번 구르고, 2월에는 발을 두 번 구르는 식이었죠. 한스는 똑똑한 정도가 아니었어요. 이것은 기적이었어요. 한스의 능력에 대한 소문은 독일 황제 카이저에게까지 닿았어요.

주인이자 선생님인 빌헬름 폰 오스텐과 함께 있는 한스

한스의 영리함은 당시에 쉽게 믿기 힘든 일이었어요. 그래서 1900년대 초, 열세 명의 전문가들이 한스가 정말 천재인지 조사하게 되었어요. 처음에는 모두 한스가 천재라고 생각했어요. 클레버 한스는 누가 질문을 하든 발을 몇 번 굴러야 하는지 정확하게 아는 것 같았거든요. 하지만 전문가들은 매우 중요한 사실을 발견했어요. 한스는 질문하는 사람이 정답을 아는 경우에만 문제를 풀 수 있었어요. 그리고 발을 굴러서 대답할 때 질문자를 볼 수 있어야 했어요.

전문가들은 클레버 한스가 질문을 이해한다기보다 질문자를 예리하게 관찰하는 것이라는 사실을 깨달았어요. 질문자는 대부분 빌헬름이었지요. 전문가들은 한스가 발을 굴러 정답에 가까워질 때마다 빌헬름이 의미 없는 행동을 한다는 것을 발견했어요. 머리를 살짝 움직이거나 등을 꼿꼿이 폈지요. 빌헬름은 자신이 이런 행동을 한다는 사실을 알지 못했지만 한스는 그것을 눈치채고 있었어요. 클레버 한스는 발 구르기를 언제 멈추어야 하는지를 예민하게 깨달았던 거예요.

> **"한스는 예리하게 관찰하고, 분위기를 구별하고, 그것들을 기억하고, 발굽 언어로 표현하는 능력을 가졌어요."**
>
> 클레버 한스를 관찰한 독일 동물학자 뫼비우스 교수

역사가 되다

다양한 분야의 연구자들은 이렇게 질문자가 의도하지 않았는데도 상대방이나 동물의 행동에 영향을 끼치는 현상을 일컬어 '클레버 한스 효과'라고 해요. 한스가 정말로 수학 문제를 풀 수 있었던 건 아니었지만, 아주 똑똑하고 기민하기는 했어요. 그리고 당근과 설탕 얻는 방법을 빠삭하게 알고 있었어요.

엘사
야생 동물 보호 방식을 바꾸게 한 암사자

작은 사자

오늘날 사람들은 야생 동물 돌보는 일이 얼마나 중요한지 이해하고 있어요. 동물에게 필요한 공간을 주고, 존중해야 한다는 사실을 알지요. 이러한 인식이 처음부터 있었던 것은 아니에요. 사람들은 오랫동안 야생 동물의 생존을 돕지 않았고 야생 동물이 사는 장소도 보호하지 않았어요. 그런데 사람들의 생각이 크게 바뀌게 된 여러 계기가 있었어요. 그중 하나는 엘사라고 하는 아프리카 암사자 때문이었어요.

1956년, 조지 애덤슨이라는 야생 동물 파수꾼이 케냐의 초원을 걷고 있었어요. 그런데 갑자기 어른 암사자가 그에게 돌격했어요. 조지는 자신을 방어하기 위해 암사자에게 총을 쏘았어요. 그 순간 조지는 암사자가 왜 자신을 공격했는지 깨달았어요. 암사자는 가까이 있던 아기 사자 세 마리를 보호하려고 했던 거예요. 조지는 아기 사자들을 집으로 데려가 안전하게 돌보기로 했어요. 아내 조이와 함께 러스티카, 빅 원, 엘사라는 이름도 지어 주었죠.

아기 사자들은 무럭무럭 자랐어요. 우유를 먹고, 고무공을 가지고 놀고, 집 안팎을 탐험했어요. 특히 나무에 올라가는 것과 책이나 쿠션을 질겅질겅 씹는 것을 아주 좋아했어요. 아기 사자들이 빠르게 자라자, 조지 부부는 세 마리를 모두 돌볼 수 없다고 생각했어요. 그래서 5개월 뒤, 어려운 결정을 내렸어요. 제일 작고 가장 활발한 아기 사자 엘사만 남기고, 러스티카와 빅 원을 네덜란드의 동물원에 보내기로 한 거예요. 그 후 몇 년 동안 엘사는 조지 부부와 함께 여러 곳을 갔어요. 집에서 멀리 떨어진 바다에 가서 파도를 타며 놀기도 했지만, 엘사는 언제나 평원의 다른 야생 동물들에게 더 관심을 보였어요. 어렸을 때 엄마를 잃은 엘사는 사냥하는 법을 배우지 못해 당장 야생으로 가는 건 위험한 일이었어요.

> **"조이는 엘사가 스스로 생존하는 법을 가르쳐야겠다고 결심했다."**
> BBC 어스

야생으로

조이와 조지는 엘사가 야생에서 살아야 한다는 사실을 알고 있었어요. 그들은 몇 일 또는 몇 주 동안 엘사 혼자 초원에서 시간을 보내도록 했어요. 엘사가 다른 사자를 만나서 먹이 잡는 법을 배우기를 바라면서요. 몇 달이 흘러 엘사는 서서히 야생에서 사는 데 익숙해졌어요. 하지만 항상 배를 곯았기 때문에 조지 부부는 엘사에게 먹이를 주어야 했어요.

그러던 어느 날, 조이와 조지는 강에서 요란한 소리를 들었어요. 엘사가 강을 건너던 버펄로를 잡은 거예요. 엘사가 야생에서 혼자 살아갈 준비가 되었다는 확실한 신호였지요. 가끔씩 조이와 조지는 엘사를 보기 위해 차를 타고 초원으로 달려갔어요. 그리고 1년이 채 안 된 어느 날, 엘사가 강을 건너는 모습을 발견했어요. 이번에는 혼자가 아니었어요. 세 마리의 아기 사자가 엘사 뒤를 따르고 있었어요.

> " 우리는 무척 기뻤어요. 몇 달 뒤 엘사가 강을 건너고 있었는데, 세 마리 아기 사자가 뒤를 따르고 있었거든요. "
>
> 엘사를 돌본 자연주의자 조이 애덤슨

엘사는 영화 〈야성의 엘사〉와 텔레비전 시리즈에 영감을 주었다.

> " 1960년대에 몇 년 동안 암사자 엘사는 살아 있는 동물 중에 제일 유명했다. 엘사의 이야기는 많은 사람이 야생 동물 보호에 참여하도록 북돋웠다. "
>
> BBC 어스

역사가 되다

조이는 엘사의 삶에 대해 세 권의 책을 썼고, 모두 베스트셀러가 되었어요. 그중 두 권은 영화로도 만들어졌어요. 하지만 더 중요한 사실은 조이의 책들이 우리가 야생 동물이나 자연을 보호하는 방식에 엄청난 영향을 끼쳤다는 거예요. 엘사는 다치거나 사냥 당하는 동물들을 돕도록 많은 사람의 마음을 움직였어요. 그리고 1984년, 영화에서 조이와 조지의 역할을 맡았던 배우들이 '본 프리 재단'을 설립했어요. 재단은 오늘날 전 세계의 야생 동물을 돌보는 일에 힘쓰고 있어요.

엘사는 명랑하고 아름다운 암사자였어요. 그리고 엘사의 삶은 자연 보호 역사의 시작이 되었어요.

스트리트캣 밥
스타가 된 길고양이

털복숭이 친구

동물은 우리 삶에 엄청난 영향을 끼쳐요. 사랑, 우정, 충성심을 보여주거나, 어려운 상황에서 희망을 주기도 해요. 우리의 삶을 완전히 바꾸어 놓을 수도 있어요. 2007년, 런던에서 외롭게 살던 젊은 남자 제임스 보엔이 복도에 숨어 있는 노란색의 수고양이를 발견하면서 둘의 믿을 수 없는 이야기가 시작되었어요.

제임스는 아주 힘든 삶을 살았어요. 제대로 된 집도 없었고 돈도 거의 없었지요. 생계를 위해 낮에는 길거리에서 음악을 하는 버스커로 살았어요. 밤에는 아무 곳에서나 잤어요. 어떤 날은 길거리나 상점 입구에서 잤고, 또 어떤 날은 돌아갈 곳이 없는 사람들을 위한 특별한 집에서 지냈어요. 그곳에서 제임스는 다리를 크게 다친 작은 고양이를 발견했어요. 고양이는 지치고 배가 고파 보였지만 어디에도 주인은 보이지 않았어요.

> **"밥은 도움이 필요할 때 나에게 왔어요. 당시에는 알지 못했지만 나도 밥의 사랑이 절실히 필요했지요. 나는 돈도, 가족도, 사람들이 좋아할 이유도 없었어요. 그런데 밥이 나에게 모든 것을 주었어요."**
>
> 밥의 주인 제임스 보엔

3일이 지나도 고양이는 여전히 같은 자리에 있었어요. 제임스는 고양이를 보살펴야겠다고 생각했어요. 그래서 갖고 있던 푼돈을 모두 털어 약을 샀어요. 머지않아 고양이는 제임스를 따라 나설 만큼 건강을 회복했어요. 제임스는 네 발 달린 새로운 친구를 밥이라고 불렀고, 어디를 가든 언제나 함께 다녔어요. 제임스는 더 이상 외롭지 않았어요.

길거리에서 스타의 반열로

제임스가 버스킹을 하는 동안 밥은 제임스 발치에 있는 담요에 동그랗게 몸을 말고 누워 있거나 어깨에 올라 앉아 있었어요. 사람들은 노란 고양이를 어깨에 얹고 기타를 연주하는 남자를 보며 놀라워하고 행복해했어요. 예전에 제임스는 무시당하기 일쑤였고 밥은 길고양이에 불과했지만, 그들은 함께였고 유명해지기 시작했어요. 더 많은 사람이 그들을 보러 왔어요. 어떤 사람들은 밥을 위해 털목도리나 간식을 가져다 주기도 했어요.

어느 날, 버스킹을 하고 있을 때였어요. 메리 패크노스라는 여자가 발길을 멈추고 말을 걸었어요. 메리는 책에 쓸 참신한 아이디어를 찾고 있던 작가 대리인이었어요. 메리는 제임스에게 밥과 함께하는 인생에 대해 글을 써 볼 생각이 있는지 물었어요. 제임스는 글 쓰는 일을 생각해 본 적 없었지만 메리는 제임스를 설득했어요. 1년 후, 서점에는 제임스 보엔이 쓴 책이 진열되었어요. 『길고양이 밥 A Street Cat Named Bob』이라는 책 표지에는 잘생긴 노란 고양이 밥의 사진이 실렸어요.

" 모두 밥 덕분이에요. 처음에는 가족을 가진 기분이었어요. 밥은 나에게 살아갈 의지를 주었어요. 내 삶을 더 행복하게 했고 녀석의 삶도 더 나아지게 했지요. "

제임스 보엔

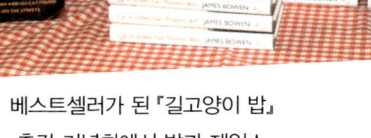
베스트셀러가 된 『길고양이 밥』 출간 기념회에서 밥과 제임스

역사가 되다

제임스와 밥은 엄청나게 유명해졌어요. 사람들은 둘의 이야기를 좋아했고, 책은 베스트셀러가 되었어요. 큰 인기를 끌며 전 세계 독자들을 위해 18개의 언어로 번역되었지요. 밥의 삶에 대한 영화도 만들어졌어요. 밥은 SNS 계정에 50만 명이 넘는 팔로워도 있는 스타가 되었어요.

삶은 놀라움으로 가득차 있어요. 런던에서 온 버스커와 길고양이가 이렇게 많은 사람에게 감동을 줄 거라고는 누구도 상상할 수 없었을 거예요. 밥은 친절한 성격 덕분에 모든 대륙에 팬을 갖게 되었고, 그의 충성심과 우정은 제임스의 삶을 완전히 바꾸었어요.

" 나는 밥에게 모든 것을 빚지고 있어요. 우리는 엄청난 여행을 함께했어요. "

제임스 보엔

스모키
산불에서 살아남은 곰

커지는 위험

북아메리카 산림은 생명으로 가득해요. 소나무가 언덕을 메우고, 새들이 계곡을 날아다니며, 은빛 물고기가 강에서 헤엄치지요. 통나무 가지나 뿌리 등에는 작은 곤충들이 있고, 곳곳에는 사슴이나 여우, 스컹크, 곰처럼 크고 다양한 동물도 살아요. 이렇게 많은 생명체가 구석구석 살아간다는 사실은 놀라운 일이에요. 그런데 생명이 넘치는 이 소중한 산림이 위험에 처할 때가 있어요. 바로 산불이 났을 때죠.

산불은 산에 붙은 불씨가 통제되지 않을 때 발생해요. 날씨가 타는 듯이 덥거나 누군가 버린 작은 불씨가 여기저기 옮겨붙을 때죠. 불이 퍼지기 시작하면 멈추기 매우 어려워져요. 높고 맹렬한 불꽃이 언덕과 골짜기를 전부 태우고 집어삼켜 버리지요. 1950년 여름 어느 날, 미국 캐피탄 산에 큰 불이 발생했어요. 그 불로 아기 곰이 겁에 질린 채 꼼짝없이 산속에 갇히고 말았어요.

산불이 어떻게 시작되었는지 누구도 정확히 알지 못했어요. 하지만 산불이 발견되었을 때는 이미 불길이 땅을 휩쓸고 있었어요. 뜨거운 바람에 불기둥이 더 커지고 강렬해졌어요. 그곳에 도착한 소방관들은 엄마를 잃은 아기 곰이 불 근처를 서성이고 있다는 얘기를 들었어요. 소방관들이 아기 곰에게 다가가려고 했지만 불기운이 너무 거셌어요. 소방관들은 기다릴 수밖에 없었지요.

행운의 탈출

마침내 소방관들은 산불을 피해 높은 나무 위로 올라간 아기 곰을 발견했어요. 다행히도 곰은 발과 다리에 심한 화상만 입었을 뿐 여전히 숨은 쉬고 있었어요. 한 소방관이 곰을 집으로 데려가 정성껏 치료하고 붕대를 감아 주었어요. 얼마 후 곰은 건강을 회복했어요.

처음에는 곰의 이름을 핫풋 테디라고 지었지만 금세 바뀌었어요. 1944년, 미국 산림청은 '스모키 베어'라고 하는 만화의 마스코트 곰을 소개하면서 산불의 위험성을 알렸어요. 스모키라는 이름은 무서운 재난에서 살아남은 용감한 아기 곰에게도 완벽한 이름이었어요. 이렇게 핫풋 테디는 현실 속의 스모키 베어가 되었어요.

스모키 이야기는 곧 전국의 신문과 잡지에 실렸고, 순식간에 유명해졌어요. 스모키는 보살펴 줄 가족이 없었기 때문에 미국의 수도 워싱턴 DC의 국립동물원에서 살기로 했어요. 1950년 6월, 특별한 개인 비행기를 탄 스모키가 워싱턴 DC에 도착하자 사진 기자와 보이 스카우트, 걸 스카우트 단원을 비롯한 수많은 사람이 스모키를 맞아 주었어요.

스모키는 26년 동안 동물원에서 살면서 일주일에 수천 통의 편지를 받기도 했어요. 아이들은 스모키가 구출되어서 무척 행복하다고 편지에 쓰거나, 잘 지내는지 물었어요. 꿀을 보내는 아이도 있었어요. 과일, 야채, 생선 같은 음식을 먹지 않았던 스모키는 땅콩버터 샌드위치를 좋아했어요.

워싱턴 DC의 국립동물원 수영장에서 놀고 있는 스모키

" 동물원을 방문한 사람들은 스모키를 꼭 보려고 했다. "
뉴욕 타임스

역사가 되다

1976년에 죽은 스모키는, 처음 발견되었던 뉴멕시코 산 근처에 묻혔어요. 어른 곰이 된 스모키에게 아기 곰의 모습은 거의 찾아볼 수 없었어요. 오래전 필사적으로 나무에 오르던 모습도 없었어요. 하지만 25년이 넘는 시간이 흐른 뒤 마침내 스모키는 집으로 돌아오게 되었어요.

스모키는 산불의 위험성을 경고하는 표지판에 등장했고,(위) 장난감으로 만들어지기도 했다.(오른쪽)

마클리
항상 새끼들을 보호하던 호랑이

늠름하게 걷다

걷는 방식을 보면 동물에 대해 많은 것을 알 수 있어요. 코끼리는 아주 느긋하게 걷고, 영양은 가볍게 총총 걸어요. 그렇다면 호랑이는 어떻게 걸을까요? 호랑이는 날렵한 눈빛과 반들거리는 줄무늬를 뽐내며 밀림의 왕처럼 걸어요. 인도 황야에 그 어떤 호랑이보다 당당하게 걷던 마클리라는 호랑이가 있었어요.

북부 인도의 라자스탄은 화려한 색으로 염색된 옷감이 나풀거리고 음악이 가득한 도시예요. '란탐보르 국립 공원'이라고 하는 광활한 야생 동물 보호 구역도 있어요. 울창한 숲으로 뒤덮인 국립 공원은 수백 제곱킬로미터에 펼쳐져 있고, 햇볕이 내리쬐는 언덕과 무너진 요새들이 있어요. 그리고 원숭이와 악어, 표범과 사자에 이르기까지 각종 경이로운 야생 동물들이 살아요. 1990년대 후반에 태어난 마클리에게는 줄곧 거기가 집이었어요.

밀림의 여왕

마클리는 다른 아기 호랑이들처럼 사냥을 배우고, 밀림의 사정을 깨우치며 강인한 동물로 성장했어요. 어리지만 유독 용맹했던 마클리는 어른 호랑이들이 갖는 영역을 차지했어요. 마클리의 엄마가 사냥하던 곳이 마클리의 영역이 된 거였죠. 분명히 마클리는 범상치 않은 호랑이가 될 것 같았어요.

마클리는 '물고기'라는 뜻이에요. 얼굴에 있는 독특한 물고기 모양 때문에 이런 이름을 갖게 된 마클리는 굉장히 아름다운 호랑이였어요. 하지만 외모뿐만 아니라 다른 이유로도 유명해지게 되었어요. 얼마 뒤, 마클리는 아기 호랑이들을 낳았고, 맹수들로부터 새끼를 보호하기 위해 최선을 다했어요. 덩치가 훨씬 큰 수호랑이들이 아기 호랑이들을 공격할 때마다 용맹하게 덤벼 쫓아냈어요.

마클리는 무엇도 두려워하지 않았어요. 어느 날, 공원을 찾은 사람들은 호숫가에서 먹잇감 사슴을 두고 악어와 격렬하게 싸우는 마클리를 보았어요. 악어는 길이가 4미터가 넘었고, 그에 비해 마클리는 덩치가 작았지만 꾀는 훨씬 좋았어요. 악어 뒤로 뛰어올라 꼼짝 못하게 잡은 다음 목 뒷덜미를 끔찍하게 물어 죽였거든요.

> **마클리는 덩치가 훨씬 큰 수호랑이로부터 새끼들을 지켜 냈어요. 이기고, 이기고, 또 이겼지요.**
>
> 텍사스 대학 육식동물 연구원 게일 더블데이

역사가 되다

수많은 사람이 해마다 마클리를 보러 왔어요. 마클리는 잡지에 등장했고, 전 세계 텔레비전 프로그램에도 출연했어요. 늙고 몸이 약해질 때조차 새끼들을 위해 힘을 발휘했어요. 날카로운 송곳니가 빠지기도 했고, 다른 호랑이와 싸우다가 한쪽 시력을 잃기도 했어요. 하지만 마클리는 언제나 새끼들을 안전하게 지켜 냈어요.

2016년, 마클리는 열아홉 살에 죽었어요. 암호랑이로서는 놀랍게 오래 살았지요. 지역 사람들은 마클리를 위한 특별한 장례식을 치러 주었어요. 마클리의 몸을 하얀 천으로 싸고 꽃으로 덮어 주었어요. 인도 정부는 마클리의 얼굴이 새겨진 우표를 만들기까지 했어요. 오늘날 마클리는 평범한 호랑이 이상의 의미로 기억돼요. 그녀는 용맹한 외눈박이이자 란탐보르의 여왕이었으며, 언제나 새끼들을 보호한 엄마였어요.

마클리는 '란탐보르의 여왕 호랑이'라는 별명을 얻었다.

크누트

많은 사람의 사랑을 받은 북극곰

힘겨운 시작

북극곰은 아주 예쁜 동물이에요. 두터운 하얀 털을 햇빛 아래에서 반짝이며 얼음 위를 어슬렁어슬렁 걷는 모습은 자연에서 가장 멋있는 모습 중 하나죠. 우리는 이 근사한 생명을 돌보고, 그들이 사는 곳을 지키는 일이 얼마나 중요한지 잘 알고 있어요. 아주 특별한 아기 곰 덕분에 사람들이 북극곰에게 관심을 더 갖게 되었거든요.

2006년 12월, 독일 베를린 동물원에 사는 암컷 북극곰이 수컷 아기 곰 두 마리를 낳았어요. 엄마 곰들은 항상 새끼들을 보살펴요. 하지만 알 수 없는 이유로 아기 곰의 생존에 필요한 보살핌을 주지 않고 외면하는 경우도 있어요. 엄마 곰이 새끼들을 외면하면 사육사들은 걱정을 해요. 따뜻한 엄마 품이나 먹이가 없으면 아기 곰들은 곧 죽게 되거든요.

> **"갓 태어난 크누트는 눈뭉치보다 작았다."**
> 책 『크누트, 세상을 사로잡은 아기 북극곰 Knut-How One Little Polar Bear Captivated the World』 중에서

베를린 동물원 우리에서 산책하는 크누트

아기 곰들을 보살피다

사육사 토마스와 안드레는 버림받은 아기 곰들을 돌보기로 결심했어요. 아기 곰들을 우리에서 꺼내 온열이 되는 작은 침대에 넣고 우유를 먹였어요. 하지만 아주 슬프게도 한 마리는 고작 4일밖에 못 살았어요. 그 일을 겪고 토마스와 안드레는 남은 곰을 안전하고 건강하게 키우기로 다짐했어요. 까맣게 빛나는 눈과 부드럽고 하얀 털을 가진 아기 곰은 크누트라고 불렸어요.

크누트를 돌보기 위해서는 많은 시간이 필요했어요. 몇 시간마다 먹이를 주어야 했기 때문에 토마스가 늘 곁에 있어야 했죠. 토마스는 목욕을 시키고 침대를 따뜻하게 해 주고 같은 방에서 잠도 잤어요. 크누트는 튼튼해졌고, 자신을 둘러싼 세상에 대해 호기심 많은 곰으로 성장했어요. 활발한 아기 곰 크누트에 대한 이야기가 신문에 실리자, 사람들은 '귀염둥이 크누트'라는 별명을 지어 주었어요.

사람들은 크누트를 직접 보기 위해 동물원을 찾아 왔어요. 하지만 사육사들은 크누트가 더 자란 뒤에 대중 앞에 나타나게 하고 싶었어요. 4개월이 지나서야 크누트는 처음으로 방문객들을 만나게 되었어요. 전 세계 방송국 카메라와 수많은 사람이 크누트를 보기 위해 동물원으로 몰려왔고, 사랑스러운 크누트는 며칠 만에 세계적인 스타가 되었어요. 크누트는 큰 가방 가득 팬레터를 받았어요. 여러 상점에서는 크누크의 사진이 새겨진 우표나 동전, 복슬복슬한 인형을 팔았고, 크누트와 관련된 텔레비전 방송 시리즈가 제작되기도 했어요.

알고 있나요?

야생 북극곰은 북극권의 바다 얼음 위에서 살아요. 그런데 지구 온난화로 인한 기후 변화 때문에 북극의 얼음이 서서히 녹고 있어요. 우리는 북극곰이 집을 잃지 않도록 최선을 다해 도와야 해요.

떠다니는 바다 얼음 위의 엄마 북극곰과 아기 북극곰

역사가 되다

토마스는 크누트의 덩치가 커지고 독립심이 생기면서 함께 지내는 시간을 줄였어요. 크누트는 생선과 고기를 많이 먹었고, 아주 잘생긴 곰으로 성장했어요. 그리고 남은 삶도 동물원에서 지내며 많은 사람의 사랑을 받았어요. 오늘날 베를린 동물원에는 바위에 앉아 쉬는 크누트의 동상이 있어요.

크누트는 장난기 많고 개성 가득한 곰이었어요. 귀여움 이상의 다양한 매력을 가진 존재였죠. 크누트 덕분에 우리가 북극곰에게 더 깊은 관심을 기울이고 보호해야 한다는 사실을 상기할 수 있었어요.

크리스천
대도시에서 아프리카 평원으로 간 사자

해러즈에서 집으로

영국의 런던 중심가에는 해러즈라는 대형 백화점이 있어요. 고급 초콜릿부터 값비싼 시계까지 온갖 흥미로운 것들을 팔지요. 그런데 1969년에는 더 독특한 것을 팔았어요. 바로 아기 사자예요. 동물원에서 팔려 온 아기 사자는, 해러즈 반려동물 판매 구역의 아기 고양이와 양치기 개 우리 옆에서 살게 되었어요.

어느 날, 존 렌달과 에이스 버크라고 하는 두 젊은 남자가 백화점에 갔다가 우리에 갇힌 아기 사자를 보고 충격을 받았어요. 주위에서 사자를 사는 것은 좋지 않은 생각이라며 말렸지만, 존과 에이스는 금빛 털과 날카로운 이빨, 네 개의 발을 가진 아기 사자를 새로운 식구로 맞았어요. 그리고 크리스천이라고 불렀어요.

그들의 친구 데렉은 온갖 요령을 동원해 존과 에이스 그리고 크리스천의 사진을 찍었다.

> **" 크리스천은 우리의 인생을 바꾸었어요. "**
> 크리스천의 주인 존 렌달

처음 몇 달 동안 존과 에이스는 강아지를 돌보듯 크리스천을 보살폈어요. 먹이고 레슬링을 하며 놀아 주고 침대에서 함께 잤지요. 가끔은 크리스천을 차에 태우고 바닷가에 데려가기도 했어요. 하지만 집에서 살기에는 크리스천의 덩치가 너무 커졌어요. 그래서 존과 에이스는 자신들이 일하는 가구점으로 크리스천을 데려갔고, 가게 일부를 크리스천을 위한 굴로 바꾸었어요. 손님들이 바닥에서 쿨쿨 자고 있는 사자를 보고 얼마나 놀랐을지 상상해 보세요.

런던을 떠나다

존과 에이스는 크리스천을 사랑했어요. 크리스천도 존과 에이스를 몹시 좋아했어요. 장난기 많은 크리스천은 종종 그들의 품에 달려들었고, 침을 잔뜩 흘리며 핥기도 했어요. 존과 에이스는 크리스천이 완전히 자랐을 때 진짜 사자처럼 살려면 야생에 있어야 한다고 생각했어요. 매우 어려운 결정이었지만, 크리스천을 위한 최선의 선택이었어요. 그래서 아프리카 케냐에 사는 조지 애덤슨과 그의 아내에게 연락해 도움을 받기로 했어요. 하지만 먹이 사냥을 해본 적 없는 크리스천을 야생에 보내는 일은 쉽지 않았어요. 야생에서 생존하기 위해 사자 무리에 들어가야 하는 크리스천이 걱정되었죠.

오랜 시간이 흘러 마침내 크리스천이 안전하게 지낼 수 있는 사자 무리를 발견했어요. 크리스천은 야생에서 새로운 삶을 시작했고, 아주 가끔씩만 사람들 앞에 나타났어요. 조지는 크리스천이 잘 자라서 가족을 갖게 되었다고 존과 에이스에게 편지를 썼어요. 런던에서 소식을 전해 들은 존과 에이스는 매우 행복해했어요. 기쁜 나머지 크리스천을 보기 위해 마지막으로 케냐에 가기로 결심했어요.

> " 크리스천을 불렀어요.
> 크리스천은 자리에서 일어나 우리를 향해
> 아주 천천히 걸어오기 시작했어요.
> 그러더니 확신했다는 듯이 달려와서는
> 우리를 덮치고 껴안고
> 예전처럼 앞발을 우리 어깨에 둘렀죠. "
>
> 존 렌달

역사가 되다

케냐의 자연 보호 구역에 도착했지만 존과 에이스는 크리스천을 찾기 어려웠어요. 하지만 곧 낯익은 사자 한 마리가 언덕에 나타났어요. 존과 에이스는 크리스천을 힘껏 불렀어요. 일 년 만이었어요. 크리스천은 천천히 다가오더니 그들을 알아보고는 잔뜩 흥분해 위로 펄쩍 뛰어올라 커다란 사자식 포옹을 해 주었어요.

크리스천은 일 년 넘게 케냐에서 살았지만 친구들을 잊지 않았다.

아름다운 순간이었어요. 크리스천의 새 친구 암사자도 쓰다듬어 달라며 존과 에이스에게 다가왔어요. 그때가 존과 에이스가 크리스천을 마지막으로 본 시간이었어요. 크리스천의 놀라운 삶은 매우 중요한 사실을 일깨워 주었어요. 사자들은 우리의 보살핌을 받을 자격이 있는 소중한 존재라는 사실을요.

엔달
주인의 생명을 구한 개

도우미견

어려움에 처한 친구

개는 저마다 특성이 있어요. 그중에는 주인의 인생을 완전히 바꿔놓은 아주 진귀한 개도 있어요. 바로 엔달이에요.

엔달은 래브라도레트리버 종이에요. 1995년 영국에서 태어나, 장애가 있는 사람을 보살피는 도우미견으로 훈련을 받았어요. 병에 걸려서 다리가 뻣뻣해지기도 했지만, 도우미견의 임무를 훌륭하게 해냈어요. 똑똑하고 성실했으며 문제도 잘 해결했지요. 엔달의 주인이 될 앨런 파튼에게는 기쁜 소식이었어요.

엔달을 만나기 전 앨런의 인생은 아주 힘겨웠어요. 영국 해군 장교였던 앨런은 1991년 걸프 전쟁에서 심각한 부상을 당해 휠체어를 타야 했어요. 부상으로 정확하게 말을 하거나 기억을 할 수 없었던 앨런은 좌절했어요. 그러던 어느 날, 아내가 일하는 개 훈련소에 함께 간 앨런은, 줄곧 곁에 머물며 자신의 손을 핥아주는 강아지를 알게 되었어요. 바로 엔달이었어요.

주인을 구하다

엔달은 앨런과 함께 살며 앨런이 혼자 하기에 버거운 일을 도와주었어요. 아직 어렸지만 세탁기에서 옷 꺼내기, 편지 부치기, 현금 인출기에서 돈 꺼내기 등 다양한 일을 해냈어요. 엔달처럼 잘 도와주고 발랄한 친구를 갖게 된 앨런은 행복했어요. 얼마 후에 엔달은 앨런의 목숨을 구하기까지 했어요.

> **"똑똑하게 문제를 해결하는 엔달이 곁에 있다면 나는 무엇이든 할 수 있어요."**
> 엔달의 주인 앨런 파튼

2001년, 어두운 저녁이었어요. 길을 건너던 앨런과 엔달은 빠르게 달려오는 차에 치였어요. 앨런은 휠체어 밖으로 튕겨져 나가 땅에 머리를 부딪쳤어요. 긴박한 상황에서 엔달은 무엇을 해야 하는지 정확히 알고 있었어요. 엔달은 앨런이 숨을 편하게 쉴 수 있는 곳으로 옮기고, 담요를 덮어 준 다음 근처 호텔로 달려가 요란하게 짖으며 사고를 알렸어요. 엔달의 빠른 판단과 대처로 앨런은 곧바로 병원으로 옮겨졌어요.

이 일로 엔달과 앨런은 더욱 가까워졌어요. 엔달은 100개가 넘는 수신호를 이해했어요. 예를 들어 앨런이 머리를 만지면 모자가 필요하다는 것을 알아챘지요. 그 외에도 엔달은 특별한 것을 많이 할 수 있었어요. 신문과 전화기를 가져오고, 가게에서 돈을 건네고, 열차의 문도 열 수 있었어요. 심지어 욕조 마개를 뽑기도 했어요.

> **"엔달을 만나기 전에는 절망뿐이었어요. 하지만 훈련소에서 엔달이 내 곁을 떠나지 않았을 때 나는 희망을 보았어요."**
> 앨런 파튼

용감하고 헌신적으로 행동한 동물에게 주는 최고의 상 PDSA 골드 메달을 단 엔달과 앨런

역사가 되다

엔달은 스타가 되었어요. 차에 치인 주인을 구한 공을 인정받아 용감한 동물에게 주는 특별한 상, PDSA 골드 메달을 받았어요. 최고의 개에 선정되기도 하고, 다른 상도 많이 받았어요. 전 세계 방송국에서 엔달을 촬영했고, 앨런 부부는 엔달이 얼마나 많은 도움을 주었는지에 대한 책을 썼어요. 집 근처 도로는 엔달의 명예를 기리기 위해 '엔달 도로'라고 이름 붙여지기도 했어요. 엔달은 런던 아이 관람차를 탄 최초의 개가 되기도 했어요.

엔달은 2009년에 세상을 떠났어요. 헌신적으로 주인의 삶을 바꾸고 많은 사람을 감동시킨 도우미견 엔달은, 다른 래브라도레트리버처럼 산책과 간식을 즐기고 누군가 쓰다듬어 주는 것을 좋아했어요. 똑똑하고 용감했으며 기가 막히게 훌륭한 친구였던 엔달은 모두의 마음속에 영원히 기억될 거예요.

샘

산불에서 살아남은 코알라

자연 재해

호주의 야생 동물은 크기도 다양하고 외모도 다양해요. 콩콩 뛰는 캥거루와 뒤뚱뒤뚱 걷는 웜뱃, 거대한 악어와 색색의 깃털을 가진 앵무새 등이 있지요. 세상에서 가장 유명한 동물 중 하나도 그곳에 살아요. 복슬복슬한 털이 뒤덮은 이 동물은 나뭇잎 먹는 것을 좋아하며 대부분의 시간을 나무에서 자요. 바로 호주 삼림 지대에서 사는 사랑스러운 코알라예요.

호주 빅토리아의 삼림을 태우고 있는 산불

코알라는 언제나 느긋하게 생활해요. 꾸벅꾸벅 졸거나 유칼립투스 잎을 우적우적 씹거나 나뭇가지 사이로 어슬렁어슬렁 걸어 다니죠. 그러던 2009년 뜨거운 여름, 너무 강렬한 태양 때문에 호주 남쪽 빅토리아의 거대한 삼림 지역이 불타 버렸어요. 맹렬한 불꽃이 건조한 숲을 순식간에 질주하면서 근처의 집들을 파괴하고 나무를 집어삼켰어요. 그 지역 최악의 산불이었지요.

불기둥에서 탈출하다

산불은 인근에 사는 사람들과 삼림의 많은 동물 모두에게 위험했어요. 통제할 수 없는 대형 산불 때문에 동물들이 목숨을 잃거나 끔찍한 불길에서 탈출하기 위해 몸부림쳐야 했어요. 왈라비들은 뛰고, 뱀들은 기고, 새들은 날았어요. 그동안 수많은 소방관이 밤낮없이 불을 끄려고 안간힘을 썼어요.

소방관 데이브 트리는 검게 탄 참혹한 숲속에서 혼자 남겨진 동물을 발견했어요. 어린 암컷 코알라였어요. 코알라는 산불에서 간신히 살아남았지만, 잔뜩 겁에 질려 있었어요. 발은 심각한 화상을 입은 상태였고, 체력은 약해졌고, 갈증도 심해 보였죠. 데이브는 코알라에게 도움이 필요하다는 사실을 한눈에 알아보고는 마실 물을 한 병 꺼내 주었어요. 코알라는 정신없이 물을 마셨어요.

> **"** 나는 코알라 곁에 앉아서
> 물병을 기울였어요.
> 코알라는 물병을 쥔
> 내 손으로 다가왔어요.
> 놀라운 일이었어요. **"**
>
> 샘을 구조한 소방관 데이브 트리

코알라는 지역 야생 동물 보호소로 보내졌어요. 그리고 샘이라는 이름도 얻게 되었어요. 구조된 샘의 소식이 신문을 통해 전 세계에 알려졌어요. 샘의 이야기는 산불로 괴로워하던 사람들에게 희망을 안겨 주었어요. 샘은 작은 동물에 불과했지만, 산불에서 살아남은 경험으로 생존의 중요한 상징이 되었어요.

샘처럼 다친 코알라들이 많이 구조되었고, 치료를 잘 받은 뒤 야생으로 돌아갔다.

> **"** 사랑스러운 샘에게 벌써
> 남자친구가 생겼어요. 수컷 코알라가 샘을
> 계속 껴안았어요. **"**
>
> 야생 동물 보호소의 동물보호사 제니 셔

역사가 되다

야생 동물 보호소에는 산불에서 구조된 수컷 코알라 밥도 살고 있었어요. 샘과 밥은 함께 건강을 회복해 갔어요. 힘든 시기를 겪고 있던 사람들은 그들을 보며 기뻐했어요. 한편, 샘은 세계적인 팝 스타들의 산불 희생자를 위한 기금 마련 노래 모음집 표지 사진으로 실리기도 했어요. 사람들은 산불과 두려움 속에서 살아남은 샘을 잊지 못할 거예요. 호주는 놀라운 동물로 가득한 나라예요. 그리고 이 어린 코알라 덕분에 우리는 동물이 얼마나 용감한지를 언제나 기억할 수 있어요.

돌리
과학계의 눈부신 발전을 이룬 양

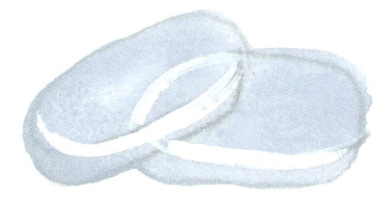

특별한 양

아기 양 돌리는 1996년 스코틀랜드에서 태어났어요. 돌리는 다른 아기 양처럼 평범한 외모에 행동도 평범했어요. 하얀 털에 빛나는 밝은 눈을 가졌고, 자신을 둘러싼 세상에 호기심이 많았어요. 하지만 돌리에게는 아주 특별함이 있었어요. 엄마와 아빠 사이에서 태어난 것이 아니라 과학자들과 세 마리 암컷 양의 도움으로 탄생했다는 거예요. 돌리는 이 암양들 중 한 마리의 정밀한 복제 동물이었어요. 그래서 돌리의 이야기가 놀라운 거죠.

돌리가 태어난 방법을 이해하려면 엄마는 셋이지만 아빠가 없다는 사실을 기억해야 해요. 돌리가 '만들어'지기 위해서는 첫 번째 엄마 양의 젖에서 모래알보다 작은 세포를 떼어내야 해요.

그런 다음 두 번째 엄마의 난자를 채취해서 첫 번째 엄마의 체세포와 합쳐야 하죠. 이렇게 양의 배아가 만들어지면 세 번째 엄마 배 속에 놓아요. 그러고 나서 과학자들은 기다려요.

반가워, 돌리

148일 후, 평범한 아기 양처럼 엄마 양의 배에서 자란 돌리가 태어났어요. 작은 몸집, 힘없는 울음소리, 비틀거리던 돌리는 매우 짧은 시간에 세계적으로 유명해졌어요. 포유동물이 다 자란 동물의 체세포로부터 복제된 것은 처음이었거든요. 과학자들이 수십 년 동안 이 일을 성공하려고 노력했기에 돌리의 탄생은 놀라웠어요.

> 66 믿을 수 없는 일이었어요. 돌리의 탄생은 동물 복제에 제약이 없다는 뜻이었어요. 과학 소설이 현실이 된 거죠. 사람들은 불가능하다고 했지만, 2000년이 되기도 전에 성공했지요. 99

1997년, 돌리의 탄생에 대해서 말한
미국 프린스턴 대학의 생물학 교수 리 실버 박사

> "돌리 파튼은 복제 동물에게 자신의 이름을 딴 이름을 지어 줘서 '영광이다'라고 했어요. '나쁜 대중의 관심' 같은 건 없다면서요."
>
> 돌리가 태어난 스코틀랜드 로슬린 연구소의 과학자 개리 그리핀

'돌리를 위해 디자인하라' 콘테스트에 등장한 돌리 털로 만든 스웨터

많은 사람은 돌리의 탄생을 엄청난 성과라고 했어요. 세포의 활동 방식을 더 많이 이해하게 한 과학의 승리라고요. 하지만 어떤 사람들은 이런 식으로 동물을 만들어 내는 것은 옳지 않다고 했어요. 언젠가 인간을 복제하게 되지는 않을까 걱정하기도 했지요.

돌리가 태어난 지 일주일 만에 전 세계에서 3천 통의 전화가 빗발쳤어요. 돌리라는 이름은 아주 유명한 미국의 컨트리 가수 돌리 파튼의 이름을 따서 지어졌어요. 한동안 돌리는 그 가수처럼 유명세를 탔어요. 복제 양 돌리에 대한 이야기가 신문과 잡지에 도배됐고, 사진 기자들이 돌리를 찍기 위해 몰려들었어요. 돌리는 당시에 사진이 가장 많이 찍힌 양이 되었어요.

과학자들은 돌리가 많은 면에서 평범하다는 사실에 기뻐했어요. 뇌, 심장, 다른 장기들 모두 튼튼했고, 연구소에서 다른 양과 함께 활동적으로 생활했어요. 여섯 마리의 아기 양을 낳기도 했어요. 하지만 폐에 문제가 생긴 돌리는 2003년, 여섯 살의 나이로 세상을 떠났어요. 현재 돌리의 몸은 에든버러의 스코틀랜드 국립 박물관에 전시되어 있어요.

해마다 수천 명의 사람들이 돌리를 보러 온다.

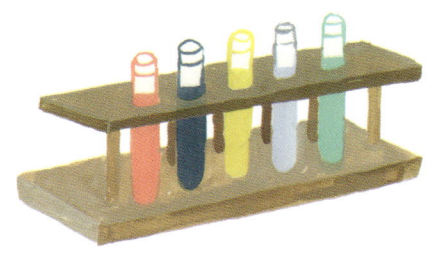

역사가 되다

과학자들은 돌리와 같은 방법으로 다른 동물들을 복제했어요. 말, 돼지, 염소, 쥐, 생쥐, 개, 노새 그리고 심지어 원숭이까지 '돌리의 방식'으로 탄생했어요.

동물들 자신은 아무것도 모르지만 세상에 큰 영향을 주기도 해요. 과학의 엄청난 도약을 일구어 낸 유명한 스코틀랜드의 양 돌리처럼 말이에요.

데이비드 그레이비어드
인간을 신뢰한 침팬지

호기심 강한 침팬지

1960년, 영국의 영장류학자 제인 구달이 침팬지를 연구하기 위해 탄자니아로 갔어요. 하지만 무성한 아프리카 밀림에서 침팬지를 찾는 일은 쉽지 않았어요. 겨우 발견한 침팬지들도 잽싸게 달아나거나 나무를 타고 휙 사라져 버리기 일쑤였거든요.

그러던 어느 날, 침팬지 한 마리가 나무 위에 얌전히 앉아 있었어요. 제인은 천천히 다가가 관찰했어요. 턱에 회색 털이 난 침팬지는 제인만큼 호기심을 보였어요. 제인은 이 침팬지를 데이비드 그레이비어드라고 불렀어요.

믿음과 도구

당시 사람들은 지금 우리가 아는 것만큼 침팬지에 대해 많이 알지 못했어요. 제인은 야생에서 침팬지를 연구한 과학자 중 한 명이었어요. 몇 년 동안, 침팬지가 얼마나 똑똑하고 창의적이며 충직한 동물인지 밝혀냈지요. 우리는 제인을 신뢰한 첫 번째 침팬지 데이비드에게 고마워해야 해요. 데이비드가 제인 곁에 편안히 있는 모습을 보고 다른 침팬지들도 제인을 두려워하지 않게 되었거든요.

야생 침팬지들은 언제나 사람을 피해왔지만 데이비드는 제인이 몸을 만지거나 털을 고를 때에도 가만히 있었어요. 짓궂은 장난을 칠 때도 있었지만 상대방을 잘 배려하고 똑똑하기까지 했어요. 침팬지는 사람과 공통점이 가장 많은 동물이에요. 우리는 데이비드를 통해 그 사실을 다시 한 번 확인했죠.

제인은 데이비드가 친구를 위로할 때 몸을 어루만져 준다는 사실을 발견했어요. 어떤 날에는 제인이 붉은 야자 열매를 따서 건네자, 데이비드가 먼지를 털어내듯 열매를 닦아 먹었어요. 그리고 제인을 가만히 쳐다보며 부드럽게 손을 잡았어요. 자신의 방식으로 고맙다고 표현하는 거였어요.

제인은 데이비드를 통해 침팬지가 도구를 사용할 수 있다는 것도 알아냈어요. 데이비드는 가늘고 긴 풀을 흰개미들이 사는 집에 쿡 찔렀어요. 그러고는 풀을 꺼낼 때마다 묻어 있는 개미를 맛있게 먹었죠. 낚시로 물고기를 잡듯 긴 풀을 이용해 개미를 잡은 거예요. 그 모습을 본 제인은 엄청나게 흥분했어요. 사람만이 도구를 만들어 사용할 만큼 똑똑하다고 생각했거든요.

사람들은 침팬지가 과일과 잎사귀만 먹는다고 생각했어요. 그런데 제인은 데이비드가 죽은 아기 멧돼지를 먹는 것을 보았고, 이를 통해 우리는 침팬지가 다른 야생 동물처럼 생존을 위해 고기를 먹는다는 사실을 처음으로 알게 되었어요.

데이비드는 제인이 도구를 사용하는 것을 본 최초의 침팬지였다. 그것은 아주 중요한 발견이었다.

역사가 되다

제인이 다시 탄자니아에 도착했을 때, 데이비드는 어른 침팬지가 되어 있었어요. 데이비드는 그로부터 8년을 더 살고 세상을 떠났어요. 하지만 동물을 사랑하는 만큼 제인의 연구는 계속되었어요. 반세기가 넘도록 야생 침팬지를 연구한 제인은 여전히 데이비드를 일컬어 자신이 평생을 좋아한 존재라고 말해요. 데이비드가 없었다면 우리는 침팬지가 얼마나 특별한 동물인지 전혀 알지 못했을 거예요.

데이비드와 제인은 평생 유대관계를 지속했다.

> " 데이비드는 내가 다가가는 것을 허락해 준 최초의 침팬지였어요. 나를 두려워하지 않았죠. 데이비드가 달아나지 않고 앉아 있자 다른 침팬지들도 점차 '그래, 저 여자는 전혀 무섭지 않아.'라고 생각하는 것 같았어요. 데이비드는 너그럽고 온순했어요. 침팬지들에게도 사랑을 받았죠. "

데이비드를 연구한 영장류학자 제인 구달

알렉스

인간과 대화하는 법을 배운 앵무새

반려동물 가게의 앵무새

우리는 아주 멍청한 사람을 보고 '새처럼 머리가 나쁘다'라고 해요. 하지만 미국에 사는 아프리카회색앵무 덕분에 새가 놀라운 일을 할 수 있다는 것을 알게 됐어요. 30년을 산 이 앵무새는 150개의 영어 단어를 말했으며 여러 색깔을 인식할 수 있었고, 음식을 주문할 수도 있었어요. 겨우 호두 크기만한 뇌를 가지고 이 모든 일을 한 알렉스는 대단한 앵무새였어요.

알렉스는 야생에서 살지 않았어요. 아프리카회색앵무였지만, 아프리카에서 태어나지도 않았지요. 1977년, 아이린 페퍼버그 박사는 시카고의 반려동물 가게에서 한 살 정도 된 알렉스를 샀어요. 대학에서 동물의 행동을 연구하는 생태학자 아이린은 새를 가지고 실험할 계획이었어요. 살 때는 미처 알지 못했지만 알렉스는 아주 특별한 새였어요.

아이린은 조류 학습 실험(Avian Learning Experiment)을 줄여 알렉스(ALEX)라고 불렀어요. 앵무새는 따라하는 데 뛰어난 능력이 있는 동물이에요. 사람들은 앵무새가 단어나 소리를 듣고 따라할 수 있다는 사실을 오래전부터 알고 있었어요. 아이린은 앵무새가 자신이 하는 말을 정말로 이해하는지를 알고 싶었어요. 알렉스가 아이린의 대학에 있는 새로운 집에 적응했을 때, 아주 인상적인 일이 일어나기 시작했어요.

> **"때로는 앵무새 같은 작은 동물 하나가 세상을 바꿔요."**
> 네덜란드 생태학자 프란스 드 발

아이린은 알렉스에게 사물을 인식하는 법과 원하는 것을 요청하는 법을 훈련시켰어요. 포도가 먹고 싶을 때 사람은 어떻게 말하고 행동하는지 보여 주는 식이었죠. 처음에 알렉스는 이해하지 못했어요. 하지만 몇 번 보고 들은 뒤에는 간식을 먹으려면 무슨 말을 해야 하는지 깨달았어요. 훈련이 계속될수록 다양한 단어도 능숙하게 사용하게 되었지요.

멍청한 새가 아니다

얼마 뒤 알렉스는 '열쇠', '종이', '코르크' 같은 특정 물건의 이름을 말할 수 있었어요. 색깔도 구별했고, 단어도 조합했어요. 예를 들면 '초록색 코르크'라고 말하는 거예요. 갖고 놀고 싶은 것이 있으면 "코르크 줘."라고 했어요. 숫자는 6까지 셀 수 있었고, 때로는 다른 방식으로 물건을 묘사하기 위해 단어를 조합하기도 했어요. 삼각형을 보면 "모서리 세 개."라고 말하는 식이었죠.

알렉스가 매번 사물과 색깔을 제대로 이해한 것은 아니었어요. 하지만 아주 많은 단어를 알게 되었고, 아이린과 거의 완전한 대화를 할 수 있었어요. 알렉스는 "이리 와."라고 말할 수 있었고, 수업이 지루하면 "나가자."라고 했어요. 그리고 먹이가 너무 적다고 생각되면 "싫어."라고 말했어요. 알렉스는 아이린에게 큰 애착을 느껴서 아이린이 다른 새에게 관심을 주면 질투를 했어요.

> **❝ 동물들은 우리 생각보다 더 많이 알고 우리가 아는 것보다 더 많이 생각해요. ❞**
> 알렉스를 연구한 아이린 페퍼버그 박사

역사가 되다

알렉스는 서른한 살이 되던 2007년에 죽었어요. 어느 날 저녁, 아이린이 퇴근을 하려는데 알렉스가 죽음을 예감한 듯 마지막 말을 했어요. "넌 멋져. 사랑해." 라고요.

> **❝ 나는 알렉스를 보살폈어요. 하지만 알렉스는 자유로운 정신을 가졌고, 나는 알렉스를 소유한 기분을 느끼지 못했어요. ❞**
> 아이린 페퍼버그 박사

아이린과 알렉스는 19년을 함께했다. 아이린은 알렉스를 기억하며 알렉스 재단을 설립했다.

코코

수화로 말하는 법을 배운 고릴라

특별한 관계

고릴라는 놀라운 동물이에요. 덩치가 크고 털이 많으며 엄청나게 힘이 세요. 또한 인내심이 많고 세심하며 아주 똑똑하죠. 만약 고릴라의 깊고 빛나는 갈색 눈동자를 들여다볼 기회가 생긴다면 고릴라가 사람들과 깊은 유대감을 형성하고 있다는 것을 깨닫게 될 거예요. 고릴라는 중앙아프리카의 야생 열대 우림에서 살지만 어떤 고릴라는 평생을 동물원이나 연구소에서 보내기도 해요.

1971년, 미국 샌프란시스코 동물원에서 서부로랜드고릴라가 태어났어요. 사육사들은 그 고릴라를 코코라고 불렀어요. 어느 날, 고릴라의 행동을 연구하는 페니 패터슨 박사가 코코를 찾아왔어요.

페니는 고릴라에게 수신호로 대화하는 방식인 수화를 가르치는 게 가능한지 알고 싶었어요. 얼마 후, 어린 코코가 수화를 잘 이해한다는 사실을 깨달았어요.

위대한 유인원

처음에 페니는 '먹다', '마시다', '많다'처럼 단순한 신호를 코코에게 보여 주었어요. 코코가 수신호를 이해하고 사용하게 되자, 페니는 몇 가지를 더 가르쳤어요. 코코는 새로운 신호를 빠르고 정확하게 배워나갔어요. 1974년, 동물원에 있던 코코는 페니가 있는 대학으로 옮겨졌고, 몇 년 사이 코코가 할 수 있는 수신호는 점점 더 많아졌어요. 사람들은 고릴라가 손을 이용해서 인간과 대화할 수 있다는 사실에 놀라워했어요.

❝ 코코와 나는 수화를 통해 감정을 표현하고, 서로를 이해하고, 얼마나 아끼고 신뢰하는지 보여 줄 수 있었어요. ❞

코코를 연구한 페니 패터슨 박사

페니는 딱 4년 동안만 코코를 연구할 생각이었지만 코코를 너무 좋아하게 된 나머지 40년이 넘는 시간을 함께 지냈어요. 어른이 된 코코는 약 2000개의 단어를 듣고 이해했으며, 1000개가 넘는 수신호를 사용했어요. '꽃', '사랑', '미안', '놀람', '예의'와 같은 것들이었지요. 심지어 수신호를 이용해서 짧은 문장을 만들 수도 있었어요. 예를 들면 "고양이 갖다 줘." 같은 거예요. 때로는 자기만의 단어를 개발하기도 했어요. '반지'를 '손가락 팔찌'라고 하거나 '머리빗'을 '머리 긁다'라고 표현했지요.

수화로 전 세계 사람들을 놀라게 한 코코는 오랫동안 텔레비전에 출연했어요. 〈내셔널 지오그래픽〉 잡지는 코코가 거울에 비친 자신의 모습을 찍은 사진을 표지에 싣기도 했어요.

역사가 되다

코코의 삶은 자연 속 야생 동물들과는 완전히 달랐지만 코코는 언제나 사랑스럽고 친절했어요. 코코는 간지럼 타는 것을 좋아했고, 슬픈 영화를 보면서 마음 아파했어요. 그리고 페니가 케이크에 초를 꽂고 생일잔치를 열어 줄 때는 정말 행복해했어요.

코코는 고양이를 매우 좋아했는데, 특히 '올 볼'이라는 아기 고양이를 유독 아꼈어요. 언제나 올 볼을 안아 주고 쓰다듬어 주었지요. 페니는 코코와 올 볼에 대한 이야기를 담아 『코코의 고양이 Koko's Kitten』라는 어린이 책을 쓰기도 했어요.

어떤 사람들은 고릴라가 코코처럼 사는 것은 옳지 않다고 했어요. 어떤 사람들은 페니가 주장한 코코의 능력을 온전히 믿지 않았어요. 2018년, 코코는 자다가 죽었어요. 사람들은 고릴라가 얼마나 똑똑한지 보여 준 코코를 기억해요. 코코는 많은 사람에게 감동을 주었고, 페니에게 진정한 친구가 되어 주었어요. 그리고 우리가 고릴라에 대해 생각하는 방식을 완전히 바꿔놓기도 했지요.

> ❝ 코코는 많은 사람을 감동시켰다. 그리고 많은 사랑을 받았다. 우리는 코코를 마음 깊이 그리워할 것이다. ❞
> 고릴라 재단

'듣다'라는 단어를 수화로 표현하는 코코. 전화를 듣고 싶다고 말하고 있다.

피클스
월드컵 트로피를 찾아낸 개

개와 트로피

월드컵은 4년마다 열리는 큰 행사로, 세계 여러 나라에서 온 최고의 축구팀들이 세계 챔피언이 되기 위해 노력해요. 수많은 팬과 실력을 인정받은 선수들이 모이는 월드컵은 언제나 흥미롭고 열광적이죠. 그런데 챔피언에게 주는 월드컵 트로피가 사라진다면 어떤 기분일까요? 1966년, 영국 잉글랜드에서 피클스라고 하는 똑똑한 개의 도움이 없었다면 사라진 트로피를 영원히 찾지 못했을 거예요.

1960년에 태어난 피클스는 활기 넘치는 작은 개였어요. 밝고 호기심이 왕성한 탓에 집 안의 모든 가구를 잘근잘근 씹어 놓곤 했어요. 피클스의 주인 존 코베트는 피클스를 돌보는 게 무척 피곤했어요. 그래서 존의 형 데이비드가 피클스를 키우기로 했어요. 데이비드는 런던 남부 자신의 집 근처에서 피클스와 산책하는 걸 좋아했어요.

1966년, 피클스의 흥미로운 이야기가 시작돼요. 그해는 잉글랜드에 매우 특별한 시기였어요. 월드컵이 처음으로 잉글랜드에서 열리게 된 거예요. 대회가 시작되기 넉 달 전, '쥘 리메 컵'이라는 월드컵 트로피가 런던에서 공개되었고, 많은 사람이 아름다운 디자인에 감탄했어요. 금으로 장식한 그리스 여신 모양이었죠. 보안 요원들은 트로피를 지켰지만, 잠시 한눈을 판 사이에 트로피가 사라지고 말았어요. 누군가 월드컵 트로피를 훔쳐간 거예요.

행운의 발견

재난이었어요. 세계 최고 축구 선수들이 곧 잉글랜드에 도착할 텐데, 그들이 받고 싶어 하는 트로피가 사라져 버렸잖아요. 심지어 누가 트로피를 훔쳤는지 알 수 없었어요. 일주일 동안 경찰은 이곳저곳을 찾아다녔어요. 단서를 찾았다고 생각했지만 번번이 허사였죠. 어디에서 트로피를 찾을 수 있는지 답답하기만 했어요. 그런데 얼마 뒤 빨간 목줄의 작은 개가 트로피를 찾아냈어요.

> **" 런던 경찰이 열심히 수사에 나섰지만, 단서를 찾지 못했다. "**
>
> BBC 기사

> "피클스는 유명한 동물이 되었다."
> 가디언

월드컵 트로피의 무사귀환을 알리는 런던 경찰(위).
상으로 받은 메달을 목에 건 피클스(아래)

트로피를 도둑맞은 지 일주일이 지났을 때였어요. 다른 일요일 저녁처럼 데이비드는 피클스와 산책하는 중이었어요. 그런데 피클스가 울타리 옆에 있는 자동차 뒤에서 정신없이 코를 킁킁거렸어요. 데이비드가 피클스를 불렀지만 피클스는 자꾸만 자동차로 되돌아갔어요. 피클스가 왜 그러는지 궁금했던 데이비드는 자동차 앞바퀴 뒤에서 낯선 상자를 보았어요. 상자는 아주 크고 무거웠으며 신문으로 돌돌 싸여 있었어요.

역사가 되다

상자를 열어 본 데이비드는 자신의 눈을 믿을 수가 없었어요. 그것은 월드컵 트로피였어요! 데이비드와 피클스는 곧바로 경찰서로 달려가 트로피를 넘겼어요. 누가 훔쳤는지 밝혀내지 못했지만 트로피가 무사히 돌아왔다는 사실만으로도 사람들은 기뻐했어요. 그리고 피클스는 세계적인 영웅이 되었어요. 텔레비전에 출연하고 온갖 신문에 사진이 실렸어요. 올해의 개로 선정되었고, 일 년치 사료를 공짜로 받기도 했어요.

놀랍게도 4개월 뒤 잉글랜드가 월드컵 우승 트로피를 차지했고, 피클스와 데이비드는 우승 축하 잔치에 초대되었어요. 선수들은 피클스에게 특별한 관심을 보였어요. 피클스는 메달과 은그릇 그리고 씹기 좋은 고무 뼈다귀를 선물로 받았어요.

로이와 사일로
자신들의 방식대로 살아간 펭귄들

집에서 멀리

〈마다가스카〉라는 영화를 본 적 있나요? 미국 뉴욕의 한 동물원에 사는 동물들이 아프리카로 여행을 떠난다는 내용이에요. 영화의 배경이 된 센트럴 파크 동물원에는 바다사자와 눈표범, 뱀 등 전 세계에서 온 다양한 동물이 살고 있어요. 그리고 영화에서처럼 펭귄도 살지요. 펭귄들이 고향을 떠나 이렇게 먼 곳에서 사는 것은 낯선 일이에요. 그래서 사육사는 펭귄들이 헤엄칠 수 있도록 늘 물을 충분히 채우고 물고기를 넉넉히 주려고 했어요.

센트럴 파크 동물원에는 여러 종류의 펭귄이 있는데, 그중에서 가장 작은 펭귄은 '턱끈펭귄'이에요. 뒤뚱뒤뚱 걷는 턱끈펭귄은 부리 아래 모자 끈처럼 생긴 검은 줄무늬 때문에 그렇게 불려요. 지구 가장 아래쪽 남극 대륙 주위 바다에서 온 턱끈펭귄은 유독 인기가 많았는데, 특히 로이와 사일로는 굉장히 유명했어요.

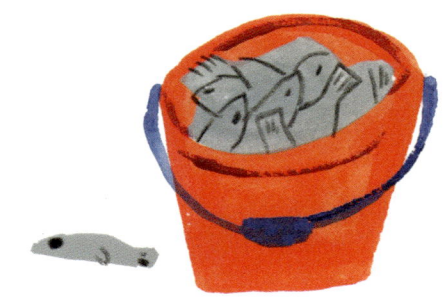

펭귄 부부

보통 부부가 된다고 하면 수컷과 암컷이 짝을 짓는 것을 의미해요. 로이와 사일로는 부부였어요. 1998년부터 2004년까지 6년 동안 모든 것을 함께했지요. 둥지를 짓고, 헤엄을 치고, 서로의 목을 감으며 얼마나 상대를 아끼는지 보여 주었어요. 다른 펭귄 커플처럼 아주 끈끈한 관계였어요. 하지만 놀라운 사실이 숨어 있었어요. 그들은 둘 다 수컷이었어요.

센트럴 파크 동물원 (위와 아래)에는 킹펭귄, 바위뛰기펭귄, 젠투펭귄, 그리고 로이와 사일로 같은 턱끈펭귄이 있다.

그렇다고 해서 로이와 사일로가 행복하게 살지 못했다는 것은 아니에요. 단지 알을 낳아 부화시키고 싶어 했지만 불가능했을 뿐이죠. 그래서 알 모양의 돌멩이를 가져와 안전하고 따뜻하게 지켜 주었어요. 이 사실을 알게 된 사육사는 다른 펭귄 부부가 돌보지 않는 알을 로이와 사일로에게 맡겼어요.

> **"1999년 로이와 사일로는 돌멩이를 함께 품으려고 했다. 그리고 1년 뒤, 다른 펭귄 부부가 낳은 알을 받았다. 그해 늦은 봄에 암컷 펭귄 탱고가 부화했다."**
> 뉴욕 타임스

로이와 사일로는 둥지에서 알을 품었어요. 번갈아가며 알 위에 앉아 늘 세심하게 보살폈지요. 이렇게 정성을 기울인 몇 주 뒤, 조그마한 검정 부리에 작은 회색 깃털 뭉치 같은 아기 펭귄이 태어났어요.

역사가 되다

로이와 사일로는 아기 펭귄에게 먹이를 주었고, 다정하게 부리를 비볐으며, 배고프다는 신호를 가르쳤어요. 다른 펭귄들과 달리 이 아기 펭귄은 자신을 보살피는 아빠가 둘이었어요. 사육사는 아기 펭귄을 탱고라고 불렀어요. 사람들은 동물원에 새로운 펭귄 가족이 생겼다는 소식을 듣게 되었어요. 로이와 사일로, 탱고는 순식간에 유명해져 많은 사람을 불러 모았고, 그들의 생활을 다룬 그림책이 나오기도 했어요.

턱끈펭귄은 흥미로운 새예요. 해마다 수백만 마리가 추운 극지방에서 둥지를 틀고 먹이를 먹으며, 헤엄을 치지요. 하지만 턱끈펭귄이 얼마나 놀라운 동물인지 보여 준 것은 뉴욕에 사는 두 마리의 펭귄이었어요.

오지

순식간에 뚜껑을 열 수 있는 문어

호기심 많은 생물

문어는 특이하고 흥미롭게 생겼어요. 눈 두 개, 입 하나에 도넛 모양의 뇌가 목구멍 주위를 싸고 있어요. 심장은 둘도 아니고 세 개나 돼죠. 피는 파란색인데 위험을 감지하면 먹물을 뿜어내요. 그리고 다리는 무엇이든 다가오면 잡을 수 있을 만큼 많아요.

여덟 개의 다리로 할 수 있는 일을 모두 생각해 보세요. 특히 문어처럼 똑똑한 생물이 할 수 있는 일을요. 우리는 문어가 엄청나게 똑똑하다는 사실을 잘 알고 있어요. 문어는 뼈가 없는 것 같지만 지능은 있어요. 사실 지능이 아주 좋아서 해양 연구원들은 문어의 능력에 지금도 놀라고 있어요.

문어는 전 세계 바닷속에서 산다.

두뇌 훈련

2013년 11월, 어부들이 다친 문어 한 마리를 뉴질랜드 웰링턴의 아일랜드 베이 해양 교육 센터로 데려갔어요. 문어는 장어에게 공격을 당해 다리 하나를 크게 다쳤어요. 센터의 동물 관리사들은 문어를 오지만디아스, 줄여서 오지라고 불렀어요. 관리사들은 문어가 건강을 되찾아 야생으로 돌아갈 수 있도록 돕고 싶어 했어요.

동물 관리사들은 문어에게 단순한 방식으로 먹이를 주지 않았어요. 문어가 먹이를 잡기 어려운 장소에 넣어 두었죠. 물속 터널에 숨겨 놓든가 다른 종류의 통에 넣어 놓는 식이지요. 절대 괴롭히려고 그러는 게 아니에요. 문어의 뇌를 활성화시키려고 하는 거예요. 바다에서 먹이를 사냥하는 방법을 따라한 것이에요. 바다에서 문어들은 먹이를 찾기 위해 종종 돌을 움직이거나 틈 사이로 비집고 들어가야 하거든요.

> **"오지는 미끄러지듯 통으로 다가갔어요. 다리 하나로 통을 우아하게 만지더니 눈 깜짝할 사이에 뚜껑 위로 올라갔죠."**
>
> 아일랜드 베이 해양 교육 센터 주디 허트

역사가 되다

센터의 동물 관리사들은 오지가 먹이를 찾는 데 뛰어난 능력이 있다는 사실을 발견했어요. 어느 날, 관리사들은 자주색 바다 게를 통에 넣고 뚜껑을 돌려서 꽉 닫아 오지에게 주었어요. 시간이 충분하다면 오지가 뚜껑을 열 수 있을 거라고 생각했지요. 다른 문어들이 길고 강한 다리를 이용해서 뚜껑을 열었듯이 말이에요. 그들은 뚜껑을 여는 방법을 알아내기까지 몇 분이 걸렸지만 똑똑한 오지는 54초 만에 냉큼 뚜껑을 돌려서 열었고, 아침밥으로 게를 허겁지겁 먹었어요.

오지의 뚜껑 열기는 전 세계적으로 화제가 되었어요. 사람들은 다리 여덟 개 달린 똑똑한 바다 동물에게 놀랐어요. 문어는 지구에서 아주 오랫동안 살았지만 여전히 우리를 놀라게 할 능력을 갖고 있어요.

폴

문어들은 놀라운 일을 많이 했어요. 2010년 월드컵에서 폴이라는 문어는 독일 축구팀의 경기 결과를 '예측'했어요. 폴은 각 경기 전에 두 개의 상자 중 한 곳의 먹이를 선택했어요. 한 상자에는 독일 국기가 표시되어 있고, 다른 상자에는 상대 팀 국기가 표시되어 있었어요. 폴은 매번, 승리할 국가의 상자를 선택했어요. 똑똑한 머리 덕분일까요, 아니면 우연의 일치일까요?

문어 폴은 2010년 월드컵에서 독일이 치른 일곱 번 경기의 승자를 정확하게 예측했다.

님 침스키
사람처럼 길러진 침팬지

침팬지일까, 어린아이일까?

동물들의 이야기는 우리의 마음을 사로잡기도 하지만 동시에 슬프게 하기도 해요. 미국에 살았던 장난기 가득한 침팬지 님 침스키의 삶은 어땠을까요? 침팬지는 원래 아프리카에 살아요. 하지만 태어나면서부터 죽을 때까지 평생을 사람의 보살핌을 받으며 산 님의 삶은 평범한 침팬지들과는 전혀 달랐어요. 그래서 님의 이야기는 밀림이나 열대 더위 그리고 나뭇가지를 잡고 이동하는 것과 관련이 없어요.

석판과 분필을 갖고 노는 님

님은 1973년, 영장류 연구 기관이 있는 오클라호마에서 태어났어요. 영장류 연구 기관이란 과학자들이 유인원과 원숭이들을 연구하는 곳이에요. 님은 태어난 지 10일 만에 엄마 품을 떠나 뉴욕에 있는 컬럼비아 대학으로 옮겨졌어요. 컬럼비아 대학 연구원들은 침팬지가 수화를 사용하는 방법을 배울 수 있는지 알고 싶어 했어요.

연구원들은 님을 어린아이처럼 대하기로 했어요. 그리고 님 침스키라는 이름을 붙여 주었죠. 유명한 언어 전문가인 '노암 촘스키'의 이름처럼 들리는 재미난 이름이었어요. 님은 뉴욕의 한 가정에서 일곱 명의 아이들과 새로운 삶을 시작했어요. 점퍼와 티셔츠, 바지를 입었고, 식탁에서 함께 밥을 먹었어요. 칫솔로 이를 닦았고, 잠도 침대에서 잤어요.

> **"이 특별한 침팬지와 나는 평범한 삶을 함께 살았어요."**
> 님을 연구한 과학자 로라 앤 페티토

수화를 배우다

님은 2년 동안 '먹다', '안다', '미안하다' 같은 단어들을 표현하기 위해 여러 가지 수화를 배웠어요. 그런데 언제부턴가 님을 통제하는 것이 어려워졌어요. 선반에서 책을 마구 꺼내고, 음식이 담긴 그릇에 함부로 달려들고, 양치질을 안 하려고 했어요. 결국 님은 다시 대학으로 보내졌어요. 그곳에서 님의 생활은 차분해졌고 더 많은 수화를 배울 수 있었어요.

님은 3년 동안 128개의 수화를 이해했고 '님 바나나 먹다', '님 놀다', '오렌지 주다' 같은 것들을 표현할 수 있었어요. 하지만 1년 뒤 1977년, 님은 돌보기 힘들 정도로 난폭해졌어요. 사람들을 지나칠 정도로 세게 물거나 위험한 장난을 쳤어요. 결국 연구원들은 프로젝트를 끝내기로 했어요.

안다

놀다

먹다

님은 다른 연구 센터를 전전했어요. 처음에는 오클라호마로 돌아가 다른 침팬지 우리에서 지내다 의학 실험실로 보내졌어요. 그곳에서 님은 불행해 보였어요. 사람들은 님이 이런 식으로 다루어지는 것을 보며 마음 아파했어요. 그래서 1983년, 님을 동물 보호 구역으로 옮겼어요. 님은 그곳에서 17년을 보내고 2000년에 자연사했어요.

❝ 사람들은 님의 전설적인 매력과 짓궂은 유머 감각, 인간에 대한 날카로운 이해력에 흠뻑 빠져 있다. ❞

책 『님 침스키 : 인간이 될 뻔했던 침팬지』 중에서

역사가 되다

많은 책과 영화에서 님의 이야기를 다루었어요. 오랫동안 님은 세상에서 가장 유명한 침팬지였어요. 고양이와 놀고 유모차를 타고 간지럼 타는 것을 좋아했던 님의 행동들은 놀라웠죠. 제일 좋아하는 수화는 '놀다'와 '먹다' 같은 표현이었어요. 똑똑한 님은 우리에게 유인원들이 생각하는 방식에 대해서 많은 것을 보여 주었어요. 또한 평범한 침팬지처럼 살 수 없었던 님은 사람이 침팬지가 침팬지답게 사는 것을 막아선 안 된다는 중요한 사실도 알려 주었어요.

2011년에 나온 다큐멘터리 (오른쪽), 자신을 길러 준 사람들과 님(아래)

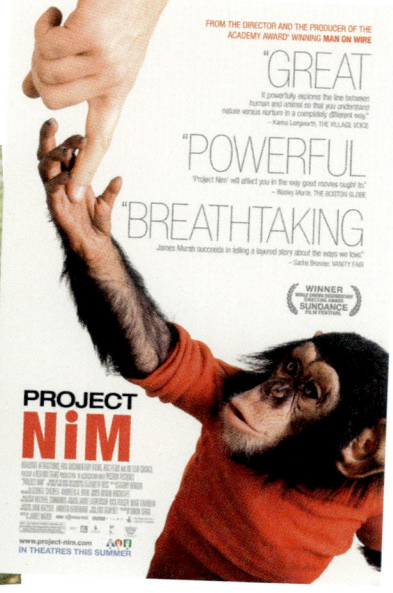

윈터
특별한 꼬리를 가진 돌고래

바다에서 발견되다

돌고래는 뛰어난 수영 선수 같아요. 바다에서 쏜살같이 헤엄치다가 한순간에 몸을 비틀고 파도 위로 펄쩍 뛰어올라요. 이 놀라운 민첩함은 강력한 꼬리 덕분이에요. 돌고래는 꼬리를 이용해 방향을 조종하고 빠르게 나아가거든요. 꼬리가 없다면 바닷속에서 움직이기 훨씬 더 어려울 거예요. 윈터라고 하는 돌고래는 꼬리 덕분에 아주 유명해졌어요.

> **"우리는 윈터가 많은 에너지와 투지를 가졌다는 사실을 알 수 있어요."**
> 윈터를 구조한 수족관 연구원 테레사 마자

2005년, 태어난 지 고작 2개월밖에 안 된 돌고래가 미국 플로리다 해안가에서 발견되었어요. 게잡이 그물에 뒤엉켜 옴짝달싹할 수 없는 상태였어요. 꼬리에 피가 통하지 않을 정도로 그물에 단단히 걸려 있었죠. 때는 추운 12월이었고, '겨울'을 뜻하는 윈터라는 이름을 갖게 되었어요. 전문가들은 아기 돌고래 윈터를 지역 수족관으로 데려가 건강을 되찾아 주기 위해 노력했어요. 하지만 꼬리를 고치는 것은 불가능했어요. 결국, 윈터를 위해서 꼬리를 잘라내기로 결정했어요.

수영하는 방법을 다시 배우다

윈터는 전처럼 자유롭게 헤엄치지 못했어요. 꼬리가 있던 자리는 뭉툭했어요. 윈터는 이 뭉툭한 절단 부위로 수족관을 이리저리 돌아다녀야 했어요. 어린 돌고래에게는 힘겨운 일인데다 척추에도 해로웠죠. 연구원들은 윈터를 위해 새로운 꼬리를 만들어 주기로 했어요.

전문가 케빈 캐롤은 모형 꼬리를 만들기 시작했어요. 케빈은 동물의 신체 일부분을 대체하는 보철을 만드는 일에 많은 경험이 있었어요. 하지만 돌고래의 꼬리를 만드는 일은 훨씬 더 정교했어요. 돌고래의 꼬리는 모든 방향으로 움직여야 하거든요.

"물속을 유유히 헤엄칠 때 돌고래 윈터는 아주 평범한 돌고래 같다. 하지만 윈터는 인공 꼬리를 달고 있는 세계 최초의 생체공학적 바다 생물이다."

데일리 텔레그래프

1년 뒤, 마침내 케빈은 실리콘과 플라스틱으로 움직임이 자유로운 꼬리를 만들어 냈어요. 정상적인 돌고래 꼬리처럼 끝이 둘로 갈라진 모양이었어요. 윈터는 인공 꼬리로 헤엄을 잘 칠 수 있었을까요? 시작은 좋지 못했어요. 인공 꼬리를 처음 달았을 때, 윈터는 꼬리를 낯설어하며 떼어내 버렸지요. 수족관 전문가들은 인내심을 갖고 기다렸어요. 그러자 서서히 윈터는 새로운 꼬리가 자신에게 도움이 된다는 사실을 깨달았어요. 마침내 윈터는 새로운 꼬리를 위아래로 반복해서 움직였어요. 케빈과 전문가들은 기뻐했어요. 윈터가 다시 제대로 헤엄치고 있었거든요.

윈터의 헤엄을 돕는 보철 꼬리

역사가 되다

인공 꼬리를 쓸 줄 알게 되면서 윈터는 수족관 안을 미끄러지듯 헤엄치며 돌아다녔어요. 바다에서 우아하게 헤엄치듯 말이에요. 많은 사람이 윈터의 이야기를 뉴스로 접했어요. 윈터는 사람들에게 어려움을 극복할 수 있다는 희망을 주었고, 돌고래의 구조와 회복을 다룬 영화에서 직접 주인공을 맡기도 했어요.

플로리다의 클리어워터 해양 수족관에서 헤엄치는 윈터

플로리다 해안가에서 그물에 걸린 채 발견되었을 때 윈터는 어린 돌고래에 불과했어요. 우리가 짐작하기 어려울 만큼 윈터의 어린 시절은 두렵고 혼란스러웠을 거예요. 심각하게 다친 돌고래가 언젠가 완전히 건강을 회복할 거라고 예상한 사람은 많지 않았어요. 그래서 특별한 꼬리를 가진 윈터의 이야기는 더욱 특별해요.

콩고
화가가 된 침팬지

빛나는 아이디어

2005년 6월 어느 날, 예술계가 발칵 뒤집혔어요. 런던에서 열린 유명한 미술품 경매에서 많은 사람이 40년 전에 죽은 화가의 그림을 사고 싶어 했어요. 그림을 구입한 사람은 약 2,000만원이라는 거액을 지불했어요. 그림에는 아주 놀라운 사실이 숨어 있어요. 다양한 색을 사용해 대담한 붓질로 그림을 그린 화가는 보통의 화가보다 키가 훨씬 작고 몸에 털이 아주 많았어요.

1954년에 태어난 침팬지 콩고는 런던 동물원에서 살았어요. 하지만 동물원의 다른 침팬지들보다 특별한 삶을 살았어요. 콩고는 아주 어릴 때, 아이들에게 동물의 세계를 알려 주는 텔레비전 프로그램 〈쥬타임〉에 정기적으로 출연했어요. 진행자는 동물 전문가이자 화가였던 데즈먼드 모리스라고 하는 남자였어요. 데즈먼드에게는 아이디어가 있었어요.

그림 그리기를 좋아한 침팬지 콩고

> **" 콩고는 동그라미를 그릴 수 있고, 구도에 대한 기본적인 감각이 있었다. 그가 제일 좋아하는 디자인은 부채꼴 패턴이었다. "**
> 데일리 텔레그래프

그림을 그리다

콩고는 활동적이고 호기심이 많은데다 똑똑하기까지 했어요. 어느 날, 데즈먼드가 연필과 종이를 주자 콩고는 복잡한 패턴과 선을 그렸어요. 사람과 비슷하게 연필을 잡고 낙서를 즐기는 것 같기도 했어요. 데즈먼드는 연필을 자주 주었고 콩고는 동그라미나 단순한 그림을 그렸어요. 완벽하지는 않았지만 어린아이가 그리는 것과 비슷했지요.

예술계는 콩고가 그린 그림에 열광했다.
각 작품은 비싼 값에 판매되었다.

데즈먼드가 물감과 붓을 주자 그림은 더욱 흥미로워졌어요. 콩고는 다양한 색을 이용해 두꺼운 선과 무늬를 그렸으며 부채꼴 패턴을 자주 사용했어요. 그림은 아주 근사했어요. 가장 흥미로운 점은 콩고가 언제 그림을 끝내야 할지 결정한다는 사실이었어요. 그림이 완성되기 전에 데즈먼드가 도구를 치우려고 하면 콩고는 화를 냈어요. 하지만 그림에 색이나 무늬를 더이상 추가하고 싶지 않으면 그리기를 끝냈어요. 데즈먼드의 설득에도 넘어가지 않았지요.

> **"이것은 선사 시대 동굴에 그림을 그린 사람들의 작품이 아니라 침팬지 콩고의 작품입니다. 우리는 이것이 예술의 탄생을 대표한다고 말할 수 있습니다."**
> 데즈먼드 모리스,
> 동물학자 겸 텔레비전 프로그램 진행자

역사가 되다

콩고가 그림을 그린다는 사실에 감명받은 런던의 한 미술관 관장은 1957년에 콩고를 위한 특별 전시회를 열었어요. 콩고가 아직 두세 살 정도밖에 되지 않았을 때였어요. 파블로 피카소나 살바도르 달리, 호안 미로 같은 세계의 유명 화가들도 콩고의 그림에 엄청나게 놀랐어요. 피카소와 미로는 자신의 스튜디오에 콩고의 그림을 걸기도 했어요.

수십 년이 지나도 콩고의 이야기는 여전히 특별해요. 10년을 살았던 콩고는 밀림에서 뛰어놀 기회를 평생 갖지 못했지만 침팬지가 굉장히 영리하고 창의력 있는 동물이라는 귀한 가르침을 주었어요.

그레이프라이어스 보비

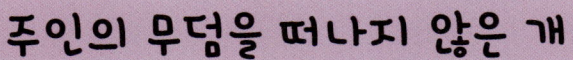
주인의 무덤을 떠나지 않은 개

특별한 이야기

영국 스코틀랜드의 에든버러는 마법이 일어날 것만 같은 도시예요. 비탈길과 뒷골목, 바위 언덕으로 가득하지요. 잿빛 돌로 만든 건물이 높게 서 있기도 해요. 멋진 건물과 사람들이 뒤섞인 그곳에서 우리는 놀라운 것을 발견할 수 있어요. 도시 중심가에 먼 곳을 응시하고 있는 작은 개의 동상이 있어요. 대단한 충성심을 보여 준 개, 그레이프라이어스 보비죠.

보비에 대해 많은 이야기가 전해지지만, 너무 오래 전의 일이라서 그중에 어느 것이 진짜인지 확인할 수 없어요. 우리가 아는 것은 보비가 스코틀랜드의 잘생긴 스카이테리어 종이라는 사실이에요. 깜찍한 귀와 짧은 꼬리, 복슬복슬한 털을 가졌지요. 하지만 사람들이 귀여운 외모만으로 보비를 기억하는 건 아니에요. 그레이프라이어스 보비의 전설은 아주 특별해요. 전설은 약 160년 전으로 거슬러 올라가요.

> 그레이프라이어스 보비
> 1872년 1월 14일
> 16살의 나이에 잠들다.
>
> 그의 충성심과 헌신이
> 우리 모두에게
> 교훈이 되기를 바라며.
>
> 보비의 비석에 적혀 있는 글

인간의 가장 친한 친구

1856년, 존 그레이라는 할아버지는 개가 필요했어요. 에든버러 경찰서에서 야간 순찰 일을 하는 존은 밤에 문제를 일으키는 사람이 없는지 구석구석 살펴야 했어요. 위험한 상황과 종종 맞닥뜨리던 존은 자신을 도와줄 개가 있으면 좋을 것 같다고 생각했어요. 존은 6개월 된 스카이테리어 강아지를 만났고 보비라고 불렀어요.

밤마다 존과 보비는 언덕 꼭대기에 있는 성부터 아래쪽 다리까지 동네를 순찰했어요. 매일 오후 1시, 성의 대포 소리가 들리면 둘은 식당에 가서 점심을 먹었어요. 존이 어디를 가든 보비가 함께했죠.

> "보비는 첫 주인이자 유일했던 주인의 무덤을 14년 동안 지켰다.
> 보비는 죽기 직전까지 아이들과 어른들의
> 친절한 관심을 받았다."
>
> 인디펜던트

하지만 매섭게 추운 어느 겨울, 존은 심하게 아팠고, 1858년 2월에 세상을 떠나고 말았어요. 존은 에든버러 중심가에 있는 '그레이프라이어스 커크야드' 묘지에 묻혔어요. 장례식 다음 날부터 묘지 관리인은 보비가 주인 무덤가에 끈질기게 앉아 있는 것을 보게 되었어요. 다음 날도, 그 다음 날에도 같은 일이 일어났지요.

해가 쨍쨍하든 비가 오든 눈이 오든 보비는 매일같이 존의 무덤 옆에 앉아 있었어요. 그러다 오후 1시에 대포 소리가 들리면 존과 함께 갔던 식당으로 부리나케 달려갔어요. 식당 직원들은 보비를 알아보고는 항상 먹을 것을 주었어요. 그 시간을 제외하고 보비는 항상 주인의 무덤가에 머물렀어요.

역사가 되다

충직한 작은 개에 대한 소문이 퍼지면서 보비는 유명해졌어요. 사람들은 간식을 주며 애틋하게 보비를 돌보았어요. 어떤 사람은 묘지에서 조금 떨어진 곳에 새로운 집을 만들어 주기도 했지만, 보비는 언제나 원래 자리로 되돌아갔어요. 주인 옆에 있고 싶어 했거든요. 놀랍게도 보비는 꼬박 14년이나 주인의 무덤을 지켰어요. 그리고 1872년, 열여섯 살이 된 보비는 존의 곁에 묻혔어요.

1년 뒤, 보비의 동상이 세워졌어요. 보비에 대한 전설은 시간이 흐를수록 사람들의 관심을 더 불러일으켰어요. 보비의 삶을 다룬 책들이 나왔고, 디즈니 영화의 소재가 되기도 했어요. 보비의 목줄과 물그릇은 에든버러 박물관에 전시되어 있어요. 평온한 삶을 살았지만 아주 충직한 친구였던 개 보비를 기억하며 사람들은 지금도 무덤에 막대기와 장난감을 가져다 주어요.

스코틀랜드 에든버러에 있는 보비의 동상은 코가 반들거린다. 많은 사람이 행운을 빌며 코를 문질렀기 때문이다.

케이코

특별한 삶을 산 범고래

힘겨운 시작

거대한 동물에 대한 굉장한 이야기가 있어요. 1970년대 후반, 두 살 난 아기 수컷 범고래가 북대서양에서 잡혔어요. 잡힌 고래는 아이슬란드의 수족관으로 보내졌어요. 범고래처럼 바다에서 사는 커다란 동물에게 수족관은 살기 좋은 곳이 아니에요. 하지만 어린 범고래에게 그곳은 첫 여정에 불과했어요.

범고래의 이름은 케이코, 일본어로 '행운을 가진 자'라는 뜻이에요. 아이슬란드에서 4년을 보낸 케이코는 캐나다의 한 놀이공원으로 팔려가 손님들에게 쇼를 선보이며 3년을 지냈어요. 놀이공원 환경이 좋지 않은 탓에 케이코는 몸이 아팠어요. 하지만 안타깝게 다음에 옮겨간 곳도 환경이 열악했어요. 1985년에 멕시코의 다른 놀이공원으로 팔려간 케이코는, 너무 얕고 따뜻한 수조에서 살면서 피부병을 앓게 되었어요.

명예와 자유

몇 년 뒤, 예상치 못한 일이 벌어졌어요. 할리우드의 영화 제작사가 놀이공원에 갇혀 살다가 자유를 찾는 범고래에 대한 영화를 만들고 싶어 했어요. 그들은 주인공을 맡을 범고래가 필요했어요. 마침 멕시코에서 케이코를 본 영화 제작자는 케이코에게 주인공 역을 맡기기로 했어요. 그렇게 만들어진 영화 〈프리 윌리〉는 전 세계적인 인기를 끌었어요. 많은 사람이 영화를 보려고 극장으로 몰려들었고, 케이코는 스타가 되었어요.

> **"모두 케이코에게 흠뻑 빠졌어요. 모든 출연자가 케이코를 사랑했죠. 사람들 모두 케이코 바이러스에 걸렸어요."**
> 지구 섬 협회 데이비드 필립스

〈프리 윌리〉에서 케이코를 본 수많은 팬은 포획당한 케이코와 범고래들에게 자유를 찾아 주기 위해 돈을 기부했다.

영화 속 범고래는 마침내 자유를 찾지만 실제 삶에서 케이코는 여전히 멕시코의 작은 수조에 갇혀 있었어요. 길이 6.5미터, 몸무게 3톤의 케이코가 수조에서 사는 것은 건강에 해로웠어요. 전 세계 사람들은 케이코가 아직도 좁은 곳에 갇혀 사는 것은 잘못된 일이라고 생각했어요.

사람들은 케이코를 바다로 보내 주어야 한다고 했죠. 아이, 어른 할 것 없이 많은 사람이 케이코를 돕기 위해 돈을 모았고, 마침내 케이코는 바다로 돌아갈 수 있게 되었어요. 하지만 놀이공원의 열악한 수조에서 너무 오래 살았기 때문에 곧장 야생의 바다에 간다면 엄청난 충격을 받을 수도 있었어요. 그래서 1996년, 특별한 비행기를 타고 미국 오레곤의 바닷물 탱크로 옮겨졌어요. 케이코는 바닷물 탱크에서 헤엄치며 살아 있는 물고기 잡는 법을 다시 배웠어요. 14년 만에 처음으로 바닷물에서 살게 된 거예요. 케이코는 건강을 되찾았고, 2년 뒤엔 축구장 크기의 대형 그물이 쳐진 아이슬란드 근처 바다로 갔어요. 여전히 완벽한 자유를 찾지는 못했지만 자신이 태어난 바다로 돌아간 거예요.

케이코는 가끔 그물 너머 사방이 트인 바다에서 헤엄쳤어요. 2002년, 마침내 케이코는 야생 범고래들을 따라 깊은 바다로 떠났어요. 하지만 노르웨이까지 나갔던 케이코는 얼마 지나지 않아 해안 가까이에서 종종 발견되곤 했어요. 가여운 케이코는 야생에서 살 준비가 되어 있지 않았어요. 야생 환경이 익숙하지 않았던 케이코는 다른 범고래처럼 살기 어려웠지요.

> " <프리 윌리>를 본 뒤 백만 명 넘는 사람들이 케이코를 풀어달라고 요구하는 글을 썼다. 그리고 대규모 국제 모금 캠페인이 열렸다. "
> 가디언

케이코는 구부러진 등지느러미가 특히 눈에 띄었다.

역사가 되다

이듬해 케이코는 결국 죽고 말았어요. 사람들은 자신이 살고 싶은 곳을 선택할 수 없었던 아름다운 범고래 케이코를 기억해요. 그리고 범고래를 놀이공원에 가두는 것이 얼마나 잔인한 일인지 이해했어요. 케이코는 많은 사람의 마음을 뭉클하게 했으며 다른 범고래들에게 더 나은 미래를 만들어 주었어요.

위니펙

'곰돌이 푸'를 탄생시킨 곰

아기 곰을 사다

세계적으로 유명해진 특별한 곰에 대해 이야기하려고 해요. '패딩턴', 〈정글북〉의 '발루'처럼 만화 영화에서 곰은 친근한 캐릭터로 많은 사랑을 받아 왔어요. 그중에서도 가장 유명한 곰이 하나 있어요. 토실토실하고, 노란색 털을 갖고 있으며 꿀을 좋아하는 곰이에요. 그래요, 곰의 이름은 '곰돌이 푸'예요. 그런데 100년 전에 살았던 진짜 곰이 없었다면 곰돌이 푸가 탄생하지 않았을 수도 있다는 사실을 알고 있나요?

1차 세계 대전이 시작된 직후인 1914년 8월 24일이었어요. 캐나다 군인 해리 콜번이 사냥꾼에게 붙잡힌 검정 아기 곰을 기차역에서 20달러에 구입했어요. 해리 콜번은 동부 캐나다 퀘벡에 있는 군 기지에 가는 길이었어요. 해리는 곰에게 자신의 고향 이름을 따서 위니펙이라는 이름을 지어 주었어요. 위니펙은 줄여서 위니라고도 불렸어요.

전쟁 때문에 헤어지다

활발한 위니펙은 군 기지에 빠르게 적응했어요. 텐트 기둥을 기어오르고, 해리의 침대 아래에서 잠을 자고, 사과와 우유, 콘시럽을 먹으면서요. 위니펙은 군인들의 사랑을 한몸에 받으며 지냈어요. 두 달 뒤, 군인들이 대서양을 건너 영국으로 갈 때도 해리는 위니펙을 데려갔어요. 새로운 기지에 도착한 위니펙은 충직한 강아지처럼 군인들을 따랐어요.

시간이 흘러 캐나다 군인들은 프랑스 전쟁터로 떠나야 했어요. 전쟁터는 위니펙처럼 길들여진 곰에게는 위험할 것 같았어요. 그래서 1914년 12월, 해리는 위니펙을 런던 동물원에 맡겼어요. 해리는 위니펙을 몹시 사랑했기 때문에 전쟁이 끝나면 위니펙을 데리고 캐나다로 돌아갈 계획이었어요.

> "위니는 우리 동물원에 들어온 곰 중에서 가장 말을 잘 듣고 온순하게 행동했어요."
>
> 런던 동물원 사육사 어니스트 실레스

하지만 전쟁은 몇 년 동안 계속되었어요. 해리는 프랑스에서 돌아올 때마다 위니펙을 보러 갔어요. 다행히도 위니펙은 동물원을 찾은 손님들에게 많은 사랑을 받고 있었어요. 위니펙이 아주 온순해서 어린이들은 우리에 다가가 위니펙을 쓰다듬거나 먹이를 주었어요. 마침내 전쟁이 끝나고 돌아온 해리는 위니펙과 헤어지는 것이 슬펐지만, 위니펙을 동물원에 남겨 놓기로 결정했어요.

> "해리 콜번이 자신의 곰 위니를 위해 결정을 내리지 않았다면 곰돌이 푸 이야기는 탄생하지 못했을 거예요."
>
> M. A. 애플비 『위니 곰 이야기 Winnie the Bear』 작가

역사가 되다

위니펙을 보러 오는 손님들의 발길이 끊이지 않았어요. 특히 한 소년은 위니펙에게 먹이를 주러 매일 왔어요. 소년의 이름은 크리스토퍼 로빈 밀른이었어요. 크리스토퍼의 아빠는 작가 A. A. 밀른이었어요. 크리스토퍼는 위니펙을 너무 좋아한 나머지 곰 인형에게 새로운 이름을 지어 주었어요. 위니펙과 친구의 애완 백조 '푸'를 합친 이름이었어요. 크리스토퍼의 방에는 피그렛, 이요르 같은 장난감과 함께 곰돌이 푸가 언제나 함께했어요. 크리스토퍼의 아빠가 사랑스러운 곰과 친구들에 대한 책을 쓰기 시작했을 때 주인공 곰에게 어떤 이름을 붙여 줘야 하는지는 분명했어요. 1926년, 첫 번째 책이 나온 이후 곰돌이 푸 책은 수백 만 권이 팔렸어요. 곰돌이 푸의 영감이 되어 준 위니펙은 남은 삶을 동물원에서 보냈어요. 영국 런던과 캐나다 위니펙에는 위니펙의 동상이 각각 세워졌어요. 위니펙의 삶을 다룬 할리우드 영화가 만들어지기도 했어요. 위니펙은 덩치에 비해 다정하고 친절했어요. 이런 여러 가지 이유로 위니펙의 이야기는 꿀을 좋아하는 노란 곰 곰돌이 푸 만큼이나 기억에 남는답니다.

위니펙의 이름을 딴 곰돌이 푸 곰인형과 크리스토퍼 로빈(위), 책 『곰돌이 푸는 아무도 못 말려』(왼쪽)

카무냑

아기 영양을 입양한 사자

아프리카의 황야에서

동아프리카 뜨거운 황금빛 대초원의 동물들은 생존을 위해 치열하게 살아요. 사자와 영양이 서로를 발견하면, 사자는 영양을 잡아먹으려 하고 영양은 사자로부터 최대한 멀리 도망치려고 하죠. 그래서 케냐의 암사자가 영양의 일종인 아기 오릭스를 발견하고 자기 새끼처럼 돌보는 것은 매우 생소한 일이었어요.

케냐의 삼부루 국립 동물 보호 구역의 구릉진 황무지에는 표범과 치타, 기린과 얼룩말, 사자와 영양 등 다양한 아프리카 동물이 살아요. 2002년 어느 날, 암사자 한 마리가 아기 영양을 곁에 데리고 산책하는 놀라운 광경이 벌어졌어요. 암사자가 깡마른 아기 영양을 잡아먹거나 쫓지 않고 오히려 보호하고 있었어요.

삼부루 국립 보호 구역에는 사자만큼 많은 코끼리가 산다.

믿어지지 않는 우정

사람들은 그 암사자를 '신성한 존재'라는 뜻의 카무냑이라고 불렀어요. 카무냑은 겨우 세 살이었지만, 태어난 지 몇 주 안 된 아기 영양을 잘 돌보았어요. 아기 영양은 몸집이 작고, 다리는 비틀거렸지만 둘은 모든 곳을 함께 갔어요. 평원을 뛰어다니고, 덤불 사이를 산책하고, 심지어 그늘에 나란히 누워 있기도 했어요. 사자는 공격적이고 아주 힘이 세지만 카무냑은 아기 영양에게만큼은 온화했어요. 언제나 아기 영양을 가까이 두었고, 아기 영양이 귀를 물어도 화내지 않았어요. 사람들은 '기적'이라고 표현했어요.

> **"** 카무냑은 아기 영양을 '자신의 먹이'가 아니라 '자신의 새끼'로 보았어요. **"**
>
> 환경보호 활동가
> 사바 더글러스 해밀턴

> " 자연은 놀라움으로 가득해요.
> 영양을 입양한 사자의 이야기는 동화 같아요. "
>
> 사바 더글러스 해밀턴

야생 동물 전문가는 카무냐의 이런 행동이 사자 무리에서 분리되었기 때문이라고 했어요. 카무냐은 혼자였고, 친구가 필요했던 거예요. 문제는 카무냐이 아기 영양의 진짜 엄마가 아니었기 때문에 우유를 먹일 수 없었어요. 아기 영양은 몸이 아주 약해졌고, 카무냐은 다른 동물들의 공격으로부터 아기 영양을 안전하게 지켜내느라 무척 배가 고팠어요. 어느 날, 카무냐과 아기 영양이 강가에서 물을 마시고 있는데, 커다란 사자가 수풀에서 갑자기 뛰어나와 가여운 아기 영양을 죽였어요.

역사가 되다

몇 달 뒤, 카무냐은 다섯 마리의 아기 영양을 데려와 하나하나 보살피기 시작했어요. 아기 영양들이 탈출해서 가족에게 돌아가지 못하도록 늘 곁에 머물렀지요. 카무냐은 엄마 영양만큼 아기 영양들을 잘 돌볼 수 없었고, 아기 영양들도 매우 혼란스러워하는 것 같았어요. 하지만 카무냐은 야생 동물이 정말로 믿기 힘든 일을 할 수 있다는 사실을 보여 주었어요.

요가 요양

아무르와 티무르

카무냐과 아기 영양 이야기는 아주 특별해요. 이렇게 우리를 놀라게 한 동물들이 또 있어요. 2015년 후반, 러시아의 눈 덮인 사파리 공원에서 티무르라는 염소가 아무르라는 호랑이 우리에 들어가게 되었어요. 염소는 호랑이의 먹이가 될 참이었어요. 하지만 아무르는 염소를 잡아먹기는커녕 함께 산책을 하고, 함께 놀고, 나란히 누워 잠을 자기도 했어요.

> " 염소는 용감하게 행동했고,
> 호랑이는 '흠, 대단한걸. 친구로 지내자.'라고
> 하는 것 같았어요. "
>
> 프라이모리 사파리 공원 책임자
> 드미트리 메젠체브

오웬과 음지

기묘한 우정에 대한 이야기가 또 있어요. 아기 하마 오웬은 바다 근처에서 혼자 있다가 구조되어 야생 동물 보호 구역으로 가게 되었어요. 그곳에서 오웬은 음지라고 하는 백 살 된 코끼리거북을 만났어요. 놀랍게도 그 둘은 아주 가까운 친구가 되었어요. 오웬은 음지와 함께 어디든 다녔어요. 함께 자고, 함께 먹고, 심지어 음지의 얼굴을 핥기도 했어요.

후버

말을 할 수 있는 물개

해안가의 물개

1971년 5월, 조지 스왈로라는 미국 어부가 뉴잉글랜드 해안가에 혼자 남겨진 아기 물개를 발견했어요. 주위에 보살펴 줄 다른 물개가 없어서 그대로 혼자 남겨진다면 아기 물개는 생존하기 어려울 것 같았어요.

조지는 아기 물개를 집으로 데려가서 보살피기로 했어요. 조지는 아기 물개를 욕조에 살게 하고 생선을 먹이로 주었어요. 물개는 청소기가 먼지를 빨아들이듯 순식간에 고등어를 먹어치웠어요. 그래서 물개는 '청소기'를 뜻하는 후버라는 이름을 갖게 되었어요. 후버의 덩치가 너무 커져서 욕조에서 지낼 수 없게 되자 조지는 후버를 밖에 있는 작은 연못으로 데려갔어요. 하지만 얼마 뒤에는 연못도 작아지게 되었어요.

> **" 후버는 몇 가지 문장을 말할 수 있었다. '몇 살이야?', '이리 와.' 같은 말을 했다. "**
> 보스턴 뉴잉글랜드 수족관

조지는 빠르게 성장하는 아기 물개 후버를 뉴잉글랜드의 수족관으로 데려갔어요. 그리고 사육사에게 후버가 사람의 말을 따라한다고 했어요. 사육사는 조지를 이상하게 생각했어요. 말하는 물개에 대해서 누가 들어나 보았겠어요?

보스턴 뉴잉글랜드 수족관에서 후버와 조지

믿을 수 없는 소리

얼마 후 사육사는 조지의 말이 사실이라는 것을 깨달았어요. 후버는 다른 물개들처럼 껑껑 소리를 내며 헤엄을 쳤고, 쉬거나 청어를 먹으며 하루를 보냈어요. 그러던 어느 날, 후버가 사람의 낮은 목소리와 똑같은 소리를 내기 시작했어요. 사육사는 자신의 귀를 믿을 수 없었어요. 물개가 "안녕! 이봐, 여기 여기!" 또는 "이것 좀 봐, 이거!"라는 말을 했다면 어땠을 것 같나요?

" 후버는 세상에서 유일하게 말하는 물개다. 소리를 낸 최초의 비인간 포유류이기도 하다. "
뉴요커

후버는 사람의 말처럼 들리는 소리를 내는 것뿐만 아니라, 뉴잉글랜드 악센트도 흉내 냈어요. 가끔 후버는 "이리 와!", "저리 가!"라고 했고요, 두 말을 함께 하기도 했어요. 그러고 나서는 크고 요란하게 웃었어요.

역사가 되다

놀라운 능력을 가진 후버 이야기는 빠르게 퍼져 나갔고, 후버의 말소리를 직접 듣기 위해 많은 사람이 찾아왔어요. 후버는 라디오와 잡지, 텔레비전에 등장했어요. 흥미롭게도 후버는 아기 때 자신을 도와준 조지의 목소리를 똑같이 따라했던 거예요. 후버가 아주 어렸을 때 조지의 목소리를 듣고 자랐기 때문이지요.

사람과 마찬가지로 물개는 포유동물이에요. 몸에 털이 있고 아기 때 우유를 먹지요. 그리고 물개의 성대는 사람의 성대와 유사해요. 후버가 사람의 목소리를 따라할 수 있었던 이유이기도 해요. 1985년에 죽은 후버에게는 여섯 마리의 아기 물개가 있었어요. 새끼들은 모두 후버를 빼닮았지만 누구도 아빠처럼 놀라운 소리를 낼 수는 없었어요. 말을 할 수 있었던 물개는 후버가 유일했어요.

얼음 위에서 더위를 식히고 있는 후버

시비스킷

챔피언이 된 경주마

천천히 시작하다

포기를 모르는 경주마에 대한 이야기예요. 경주마는 대부분 키가 크고 우아한 몸을 가졌어요. 하지만 시비스킷은 달랐어요. 다른 경주마보다 키가 작았고, 무릎이 울퉁불퉁해서 다리를 곧게 뻗지 못했어요. 작은 꼬리를 가졌고, 잠도 유달리 많이 잤어요. 사람들은 시비스킷이 뛰어난 경주마가 될 수 없다고 생각했어요. 역사상 가장 위대한 경주마가 될 거라고는 상상도 못했죠.

시비스킷은 1933년 미국 켄터키에서 태어났어요. 아빠는 '하드 택'이라고 하는 경주마였어요. 하드 택은 선원들이 먹는 비스킷 이름이었어요. 시비스킷이라는 독특한 이름은 여기에서 유래된 거예요. 시비스킷은 어찌나 실력이 형편없었는지 열일곱 번의 경주를 연달아 졌어요.

그런데 상황은 곧 달라졌어요. 시비스킷의 몸집은 그대로였지만, 빨리 달리기 시작했고 경주에서 첫 승리를 했어요. 찰스 하워드라는 남자는 시비스킷이 얼마나 많은 에너지를 갖고 있는지 알아봤어요.

찰스가 가장 좋아하는 시비스킷의 사진.
시비스킷의 별난 신체 사이즈가 적혀 있다.

능력을 발휘하다

사람들은 찰스가 작은 경주마를 산 걸 두고 어리석다고 했어요. 하지만 말 조련사인 톰 스미스와 한쪽 시력을 잃은 기수 레드 폴러드는 힘을 모아 시비스킷이 더 빨리 달릴 수 있도록 도왔어요. 톰은 시비스킷을 세심히 보살폈어요. 당근을 먹이고, 시비스킷이 외롭지 않도록 세 마리의 동물 친구도 찾아 주었어요. 떠돌이 개와 조랑말 그리고 원숭이를요. 레드는 큰 경주에서 시비스킷을 타기 시작했고, 제일 먼저 결승선을 통과했어요.

사람들은 더 이상 시비스킷을 비웃지 않았어요. 시비스킷은 날이 갈수록 더 유명해지고 있었어요. 사람들은 시비스킷이 덩치가 크고 힘이 센 말들과 싸우는 것을 좋아했어요. 당시 경제 문제로 힘들어하던 미국 사람들은 시비스킷을 응원했어요.

그러던 어느 날, 레드는 어깨가 부러지는 사고를 당했어요. 시비스킷은 '워 어드마이럴'이라는 아주 뛰어난 말과 대결하게 될 큰 대회를 앞두고 있었어요. 레드는 말을 타기에 너무 큰 부상을 당했기 때문에 시비스킷의 안장에는 새로운 기수가 앉았어요. 약 4천만 명의 사람들이 라디오를 들으며 응원했고, 결국 시비스킷은 승리했어요. 켄터키에서 온 이 작은 말은 국가적인 영웅이 되었어요.

역사가 되다

1938년, 시비스킷은 '올해의 미국 말'로 선정되었어요. 그리고 어떤 정치인이나 영화배우보다 신문에 더 많이 등장했어요. 2년 뒤, 레드와 시비스킷은 다시 함께 달렸어요. 찰스와 톰, 레드는 시비스킷이 유일하게 승리하지 못한 큰 대회에 참가하기로 결정했어요. 캘리포니아에서 열린 '산타 아니타 핸디캡'이라는 대회였죠.

> **" 시비스킷은 미국 문화의 아이콘이나 다름없었다. 4만 명이나 되는 팬들이 그의 경기를 보기 위해 경마장으로 몰려들었다. "**
>
> 로라 힐렌브랜드가 쓴 책 『시비스킷』 중에서

전문가들은 시비스킷의 전성기가 끝났다고 생각했어요. 하지만 관람석에는 7만 5천 명의 사람들이 시비스킷의 이름을 외치고 있었어요. 시비스킷은 처음에는 느리게 달렸지만 마지막 순간에 속도를 내기 시작했어요. 말발굽으로 트랙을 힘차게 차며 달렸지요. 3등에서 2등으로 그리고 마침내 맨 앞으로 달려 나갔어요. 시비스킷은 1등으로 결승선을 통과했고 대회의 챔피언이자 스포츠계의 전설이 되었어요. 이 짧은 다리 경주마가 모든 대회에서 우승을 차지한 거예요.

1940년 레드 폴러드와 함께 '산타 아니타 핸디캡'에서 승리한 시비스킷(위), 베이 메도스 경마장의 시비스킷 장난감(왼쪽)

시비스킷의 삶에 대한 책은 많은 사랑을 받았어요. 2003년에는 시비스킷의 이야기가 할리우드 영화로 만들어지기도 했어요. 사람들은 산타 아니타 경마장에 세워진 시비스킷의 동상을 보며 미국인들에게 행복을 안겨 준 말, 시비스킷을 기억해요.

매에게 집을!

페일 메일
뉴욕의 붉은꼬리매

대도시에서 살다

뉴욕은 언제나 활기가 넘치는 도시예요. 거리는 사람들로 가득하고, 열차는 하루 종일 달리며, 건물들은 하늘 높이 솟아 있어요.

대부분은 이런 도시에 많은 야생 동물이 살지 못한다고 생각해요. 하지만 공원이나 거리의 나무에서 너구리와 딱따구리, 다람쥐, 올빼미 등 다양한 동물을 볼 수 있어요. 센트럴 파크에는 도시에서 보기 힘든 새도 있어요. '붉은꼬리매'라고 하는 맹금류의 새인데, 구부러진 부리와 길고 날카로운 발톱, 넓은 날개를 가졌어요. 1990년대 초반까진 이 새를 뉴욕 하늘에서 본 적이 없었어요.

그래서 한 살 된 어린 붉은꼬리매가 센트럴 파크에 처음 날아와 5번가의 높은 건물 꼭대기에 앉았을 때, 사람들의 시선이 집중되었어요. 밝은색 머리깃털과 크림색 배를 가진 수컷은 페일 메일이라는 이름을 갖게 되었어요.

5번가의 가족

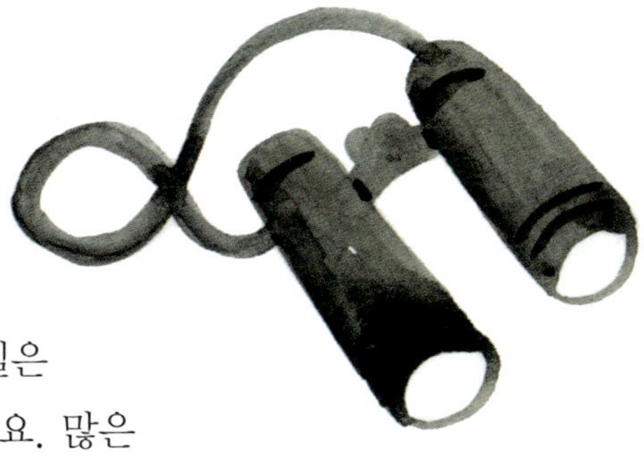

붉은꼬리매가 번잡한 거리 높은 곳에서 사는 것은 아주 드문 일이었기 때문에 페일 메일은 사람들의 관심을 한몸에 받았어요. 많은 사람이 매가 고층 건물 위를 나는 것을 망원경으로 보았어요. 페일 메일은 건물 위에 앉아 공원을 한눈에 내려다보다가 잽싸게 날아와 다람쥐나 비둘기를 잡아먹었어요.

이듬해 페일 메일은 가정을 꾸렸어요. 첫 번째 짝은 '퍼스트러브'라고 불렸어요. 하지만 슬프게도 퍼스트러브가 다치자 치료를 위해 특별 센터로 옮겨졌어요. 페일 메일의 두 번째 짝은 '초콜릿' 이라고 하는 암컷이었어요. 그들은 높은 건물의 12층 구석에 함께 둥지를 틀었어요.

페일 메일과 초콜릿이 도시를 활공하는 모습은 짜릿했어요. 2년 뒤, 페일 메일과 초콜릿이 둥지에서 세 개의 알을 부화시켰어요. 곧 붉은꼬리매 가족이 5번가 하늘을 나는 모습을 볼 수 있었어요. 그들에 대한 이야기가 신문과 텔레비전에 나왔고 더욱 더 많은 사람이 몰려들었어요.

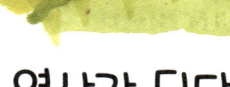

> ❝ 새 관찰자들이 전 세계에서 몰려와 이 유명한 매와 그 짝을 보았다. ❞
>
> 뉴욕 포스트

그러던 어느 날, 초콜릿이 사고로 죽자 다른 암컷이 뉴욕에 나타나 페일 메일과 짝지었어요. 놀랍게도 부상에서 회복한 퍼스트러브였어요. 퍼스트러브와 페일 메일에게는 다섯 마리의 아기 매가 생겼어요.

페일 메일의 둥지를 건물 꼭대기에 되돌려 놓으라고 요구하는 시위자들

역사가 되다

수년이 흘러, 페일 메일은 건물 꼭대기 구석의 둥지에 살면서 스무 마리가 넘는 아기 매를 길렀어요. 뉴욕 사람들은 페일 메일 가족 보는 것을 좋아했어요. 그런데 2004년, 매가 도시를 더럽힌다고 생각한 사람이 건물에서 둥지를 없애버리자 엄청난 소동이 일어났어요. 많은 사람이 공원에 모여서 페일 메일 둥지를 되돌려 놓으라는 구호를 외쳤어요. 모두가 한뜻으로 시위에 참여한 덕분에 마침내 페일 메일은 둥지를 되찾았어요.

페일 메일은 많은 아기 매를 키웠고, 그 아기 매들이 자라 또 아기 매들을 키웠어요. 이제 붉은꼬리매 둥지가 공원 근처의 건물들에 많이 생겼어요. 뉴욕은 많은 것들로 유명해요. 하지만 이제부터는 뉴욕을 떠올릴 때 페일 메일의 대가족이 바람을 타고 센트럴 파크 하늘을 자유롭게 나는 모습을 상상해 보세요.

> ❝ 사람들의 말에 따르면 페일 메일은 훌륭한 아빠였다. 대도시에서 스스로 살아가는 법을 아기 매들에게 가르쳤다. ❞
>
> 뉴욕 포스트

티터스

고릴라 왕

고릴라들을 만나다

데이비드 아텐버러 경은 전 세계의 놀라운 동물에 대한 자연 다큐멘터리를 만들었어요. 데이비드는 지구 곳곳의 자연을 모험하며 많은 동물을 만났어요. 그중에서도 동아프리카에서 본 동물이 가장 특별했다고 해요. 1978년 1월, 르완다의 울창하고 깊은 열대 우림에서 데이비드는 마운틴고릴라 무리와 마주치게 되었어요.

마운틴고릴라들은 앉아서 털을 고르거나, 나뭇잎을 한 움큼씩 뜯어먹고 있었어요. 커다란 머리와 텁수룩한 털로 뒤덮인 팔, 따뜻한 갈색 눈은 숨이 막힐 듯 경이로웠어요. 고릴라들은 데이비드가 다가가도 도망가지 않았어요. 그래서 데이비드는 고릴라들 앞에 웅크리고 앉아서 카메라에 말하기 시작했어요. 그때, 어린 고릴라가 데이비드 등 뒤에 조용히 앉았어요. 이 어린 고릴라는 곧 가장 유명한 고릴라가 될 티터스였어요.

야생에서 살다

다큐멘터리는 고릴라가 나무를 타고, 싸우듯이 놀고, 휴식하는 모습들을 보여 줬어요. 화면 속에서 티터스는 천진난만한 아기 고릴라일 뿐이었어요.

하지만 티터스는 자라면서 시련을 겪었어요. 고릴라 무리에는 등에 은백색 털이 난 어른 수컷 우두머리가 있어요. 그런데 사냥꾼들이 우두머리였던 티터스의 아빠와 삼촌을 죽이자, 비츠메라는 다른 수컷이 우두머리가 되었어요. 새로운 우두머리가 처음 한 일은 티터스의 엄마와 여자 형제를 내쫓은 거예요.

> "티터스는 매력적인 동물이에요. 티터스와의 첫 만남은 상당히 인상적이었지요. 나는 결코 그 시간을 잊지 못할 거예요."
>
> 동물학자 겸 방송 진행자 데이비드 아텐버러 경

티터스는 많은 가족을 잃었지만 비츠메의 무리에 남기로 결정했어요. 그리고 아홉 살에 처음으로 아빠가 되었어요. 대부분의 고릴라보다 어린 나이였지만, 열세 마리의 새끼를 가졌어요. 1991년, 등에 은백색 털이 나는 실버백이 되었을 때, 티터스는 비츠메에게 도전할 준비를 했어요. 무리의 우두머리가 되기 위해서 노력했지요. 비츠메는 아주 튼튼하고 힘이 세진 티터스를 막을 수 없었어요. 부모를 잃었던 잘생긴 꼬마 고릴라 티터스는 이제 최고의 실버백이 되었어요.

> **"티터스가 세상 사람들에게 준 진정한 선물은, 경이로운 역사적인 기록들이에요. 티터스는 마운틴고릴라의 놀라운 모습을 보여 주었어요."**
> 데이비드 아텐버러 경

그로부터 15년 동안 티터스는 서른 마리나 되는 고릴라 무리를 이끌었어요. 다른 고릴라 무리보다 훨씬 더 큰 규모였지요. 전문가들은 티터스가 멋지고 침착한 우두머리였다고 해요. 무리를 이끌고 열대 우림의 가파른 산을 오르내렸고, 침착해야 할 때와 화를 내야 할 때 그리고 배려해야 할 때를 잘 알았어요.

고릴라는 항상 무리 생활을 한다. 무리에는 많은 암컷과 새끼들 그리고 우두머리 실버백을 포함하여 한 마리 이상의 수컷이 있다.

역사가 되다

티터스는 야생 동물 다큐멘터리에 자주 나왔어요. 〈티터스 : 고릴라 왕 Titus : The Gorilla King〉이라는 다큐멘터리에서는 주인공이었지요. 사람들은 티터스의 영상을 보는 것을 좋아했어요. 그의 아들 중 하나가 순조롭게 무리의 새로운 우두머리가 된 뒤에도 티터스는 여전히 사랑을 받았어요. 그리고 서른다섯 살이 되던 2009년에 죽었어요. 당시 몸무게는 덩치 큰 남자의 두 배인 200킬로그램이었어요. 티터스는 아주 슬픈 어린 시절을 겪었지만 위대한 우두머리가 된 고릴라였어요. 그리고 사람들은, 티터스를 발견한 데이비드 경을 아프리카의 대자연 한가운데서 마법 같은 시간을 보낸 인물로 기억하고 있어요.

하치코
몇 년 동안 주인을 기다린 개

새로운 절친

대부분 사람들은 날마다 규칙적인 행동을 해요. 같은 시각에 아침을 먹고, 학교나 일터에 가고, 잠을 자러 가지요. 동물도 이런 생활을 해요. 아주 충직한 개, 하치코가 그것을 증명했어요. 하치코는 100년 전의 동물이지만 여전히 일본 사람들에게 특별한 친구로 기억되고 있어요.

하치코는 몸집이 크고 잘생긴 아키타 종이었어요. 큰 귀와 복슬복슬한 털, 등 위로 말려 올라간 부드러운 꼬리가 우리나라의 진돗개와 비슷해요. 하치코는 1923년 11월, 일본의 오다테에서 태어났어요. 하지만 그곳에서 오랫동안 살지는 못했어요. 새해가 되자 하치코는 도쿄의 한 대학에서 과학을 가르치는 우에노 교수에게 보내졌거든요.

둘은 많은 시간을 함께 보내며 서로 아끼고 사랑했어요. 매일 아침 우에노 교수가 출근 열차를 타기 위해 역으로 갈 때, 하치코도 함께 걸었어요. 그리고 매일 저녁 교수가 집으로 돌아올 때, 하치코는 역으로 달려가 사람들 사이에서 주인을 기다렸어요. 계절이 여러 번 바뀌었지만, 하루가 끝날 무렵이면 하치코는 어김없이 주인을 만나러 역으로 갔어요. 맑은 날이든 눈이 오는 날이든 상관없었어요.

> **"** 하치코의 충성심은 전 국민의 사랑을 받았고, 일본 교과서에도 실렸으며 두 편의 영화로 만들어졌다. **"**
>
> 뉴욕 타임스

헌신적인 개

하치코가 한 살 반쯤 되었을 때 예기치 못한 일이 일어났어요. 우에노 교수가 대학에서 수업을 하다가 갑자기 쓰러져 세상을 떠난 거예요. 그 사실을 몰랐던 어린 하치코는 평소처럼 역으로 달려가 주인을 기다렸어요. 하지만 밤이 지나도록 주인을 만날 수 없었어요. 하치코는 왜 주인이 나타나지 않는지 이해하지 못했어요. 그래서 다음 날도, 그 다음 날에도 역으로 갔어요. 결국 근처에 살던 사람이 하치코를 돌보기로 했지만, 매일 저녁 하치코는 열차가 도착할 때가 되면 역으로 돌아갔어요.

매일 밤, 하치코는 도시의 소음과 휘몰아치는 빛을 뚫고 역으로 향했어요. 사람들은 역에서 저녁 열차를 기다리는 하치코에게 먹을 것을 주었어요. 얼마 후, 하치코가 오래전에 죽은 주인을 기다린다는 사실이 알려지면서 하치코는 유명해졌어요.

" 하치코의 동상은 중요한 보물입니다. "
도쿄 도시개발 공무원 카즈히로 오쿠노

역사가 되다

일본 사람들은 하치코의 인내심과 충성심에 감동받았고, 하치코를 기리기 위해 동상을 세웠어요. 하치코의 이야기는 어린이들에게 충직함의 중요성을 가르치기 위해 교과서에도 실렸어요. 하치코는 9년 9개월 15일 동안 변함없이 매일 저녁, 역에서 주인을 기다렸다고 해요.

1935년 3월, 하치코는 평화롭게 세상을 떠났어요. 하치코의 두 번째 동상이 도쿄 역 밖에 세워졌어요. 개를 사랑하는 사람들은 하치코를 기억하기 위해 일 년에 한 번 특별한 행사를 열었어요. 그밖에도 일본에는 하치코에 대한 경의의 표현들이 많이 있어요. 2009년에는 하치코의 삶을 그린 할리우드 영화가 만들어지기도 했어요. 개들은 종종 '인간의 가장 친한 친구'라고 불려요. 사랑스럽고 헌신적인 하치코는 우리에게 그 이유를 보여 주었지요.

도쿄 대학 야외에 세워진 동상. 다시 만나게 된 하치코와 우에노 교수(위), 하치코의 이야기를 다룬 할리우드 영화 〈하치 이야기〉(오른쪽)

수단

최후의 북부흰코뿔소

환경 보호에 대한 교훈

커다란 뿔과 거친 피부, 거대한 몸집을 보면 코뿔소는 마치 공룡이 살았던 중생대에서 온 동물 같아요. 코뿔소는 그렇게 오래된 동물은 아니지만, 빠른 속도로 사라지고 있어요.

수단이라는 마흔다섯 살의 북부흰코뿔소가 2018년 노화로 세상을 떠났어요. 수단은 지구 어디에도 없는 최후의 북부흰코뿔소 수컷이었어요. 암컷 두 마리가 남아 있었지만, 살아 있는 수컷이 없다면 암컷이 아기를 갖는 것은 아주 어려운 일이에요. 그래서 수단의 죽음은 더욱 비극이었어요. 수단의 이야기는 우리가 야생 동물을 반드시 보호해야 한다는 것을 보여 주고 있어요.

1975년, 아프리카에 사는 어린 북부흰코뿔소가 서커스와 거래하는 사냥꾼에게 포획되었어요. 당시 야생에 남아 있는 북부흰코뿔소는 몇 백 마리뿐이었어요. 어린 코뿔소는 체코에 있는 동물원에 팔려 갔고, 아프리카 나라의 이름을 따서 수단이라는 이름을 갖게 되었어요. 새로운 곳의 생활은 전에 살던 곳과는 완전히 달랐어요. 불에 구운 음식을 먹고, 수많은 사람의 구경거리가 되고, 겨울에 눈밭을 걸어야 했지요.

수단은 35년을 동물원에서 살았어요. 코뿔소가 살기에 힘든 곳이었죠. 하지만 암컷 북부흰코뿔소들도 있었기 때문에 수단은 세 마리의 아기 코뿔소 아빠가 될 수 있었어요. 아기 코뿔소 중 한 마리는 아주 어릴 때 죽었지만, 두 딸 '나비레'와 '나진'은 자라서 어른이 되었어요. 2000년에 나진은 '파투'라고 하는 아기 코뿔소를 낳았어요.

> "우리가 수단의 죽음으로 배운 한 가지 사실은 이제 자연 보호를 위한 새로운 시대가 되었다는 것이다."
>
> 더 가디언

줄어들고, 줄어들다, 사라져 버리다

동물원에 사는 북부흰코뿔소의 개체 수는 잘 유지된 것 같았지만 야생의 개체 수는 심각하게 줄어들고 있었어요. 사냥꾼과 군인들은 코뿔소의 생존을 위협했어요. 그리고 2008년, 야생에는 단 한 마리의 북부흰코뿔소도 남아 있지 않았어요. 안타깝게도 야생에서 북부흰코뿔소는 멸종된 거예요.

당시 세상에 남아 있는 북부흰코뿔소는 수단을 포함해 네 마리뿐이었어요. 모두들 동물원에서 살고 있었죠. 전문가들은 미래를 위한 최선의 선택은 네 마리 모두 아프리카 평원으로 돌려보내는 것이라고 했어요. 그래서 2009년, 암컷 두 마리와 수컷 두 마리, 총 네 마리의 코뿔소가 케냐의 야생 동물 보호 구역으로 보내졌어요. 수단은 다른 종류의 코뿔소를 보며 전에 해본 적 없는 나무에 뿔을 갈거나 자연 진흙탕에서 뒹구는 법을 배웠어요.

역사가 되다

전문가들은 수컷과 암컷이 더 많은 새끼를 낳기를 바랐어요. 하지만 슬프게도 그런 일은 일어나지 않았어요. 다른 수컷은 2014년에 죽었어요. 수단은 나이가 들면서 몸이 약해졌고, 아빠가 될 수 있는 기회도 점점 줄어들게 되었어요. 전 세계의 야생 동물을 사랑하는 사람들은 수단이 세상에 마지막으로 남은 수컷이라는 사실을 듣고 충격에 빠졌어요. 온순한 성격의 수단은 자연 보호의 중대한 상징이 되었어요.

수단이 죽었을 때, 남은 암컷 두 마리는 나진과 파투였어요. 수단의 딸과 손녀였지요. 현재 그들은 야생 동물 보호 구역에서 살고 있어요. 과학자들의 힘으로 언젠가 암컷들이 새끼를 가질 수 있다면 얼마나 좋을까요. 아주 어려운 일이지만 북부흰코뿔소를 다시 볼 기회를 갖는다면 모두가 기뻐할 거예요.

케냐의 올 페제타 보호 구역의 관리자와 함께 있는 수단

> **"** 수단은 온순한 거인 같았어요. 많은 사람이 덩치 때문에 수단을 두려워했지만 수단은 전혀 포악하지 않았어요. **"**
>
> 올 페제타 보호 구역의 엘로디에 삼페레

어디에서 태어났을까

1 발토
미국

2 코코
미국

3 로보
미국

4 스모키
미국

5 님 침스키
미국

6 빈티 주아
미국

8 알렉스
미국

7 시비스킷
미국

9 위니펙
캐나다

10 후버

11 에밀리
미국

12 서전트 스터비
미국

14 페일 메일
미국

15 윌리엄 윈저
영국

13 로이와 사일로
미국

18 윈터
미국

19 론섬 조지
에콰도르

20 콩고
영국

21 피클스
영국

16 엔달
영국

22 크리스천
영국

23 스트리트캣 밥
영국

24 몽테시엘
프랑스

17 셰르 아미
프랑스

용어 사전

1차 세계 대전 역사상 가장 큰 전쟁 중 하나로 1914년부터 1918년까지 전 세계 여러 나라 군대들이 서로 싸웠다.

2차 세계 대전 가장 끔찍했던 전쟁으로 30개가 넘는 나라가 참전했으며, 1939년부터 1945년까지 지속되었다.

5번가 미국 뉴욕의 긴 거리. 높은 빌딩과 대형 상점들이 즐비하다.

9·11 2001년 9월 11일 미국에서 일어난 비극적인 사건. 납치된 비행기 두 대가 뉴욕의 세계무역센터 쌍둥이 빌딩에 돌진했다.

갈리폴리 전투 1차 세계 대전 중에 일어난 치열한 전투로, 터키 지역에서 벌어졌으며 많은 군인이 목숨을 잃었다.

걸프 전쟁 1991년에 중동 지역 국가들 사이에 벌어진 전쟁.

고아 엄마와 아빠를 모두 잃은 어린 아이나 동물.

과학 소설 미래나 우주, 과학 기술을 가상하여 그린 소설.

군대 일정한 규율과 질서를 가지고 조직된 군인 집단. 육군, 해군, 공군이 있다.

기수 경마에서 말을 타는 사람.

기후 변화 지구의 기상 패턴이 바뀌는 것. 인간이 초래한 문제로 인한 기상의 변화도 포함한다.

대륙 아주 드넓은 지역의 땅이며 많은 나라들로 구성되어 있다. 세계에는 일곱 개의 대륙이 있다.

대포 먼 거리를 공격할 수 있는 크고 강력한 무기.

도축장, 도살장 사람들이 먹을 고기를 얻기 위해 동물을 죽이는 장소.

디프테리아 전염 질병으로, 코와 목에 악영향을 끼치며 치료받지 못하면 죽을 수 있다.

마스코트 행운을 가져온다고 여겨지는 사람이나 동물. 많은 스포츠 팀이 마스코트를 갖고 있다.

머스터드 가스 아주 위험한 독이 든 가스로, 숨쉬기 어렵게 만든다. 전쟁 중에 무기로 사용되었다.

멸종 동물 과거에는 생존하였으나 현재에는 사라진 동물.

무선 송신기 먼 거리에서 신호를 보낼 수 있는 전자 기기.

미국 보이 스카우트 어린이들이 자연의 생활 기술과 유용한 것들을 습득할 수 있도록 돕는 미국 단체.

반도 넓은 육지에 붙어 있지만 대부분의 땅이 바다에 둘러싸여 있는 곳.

배아 사람이나 동물의 아기가 되기 위한 초기 단계. 배아는 엄마의 배 속에서 자란다.

버스커 거리에서 공연을 하여 돈을 버는 사람.

보철 인공적으로 만든 신체 기관.

보호 구역 안전한 장소. 동물 보호 구역은 동물들이 위험에서 벗어나 평화롭게 살 수 있는 곳이다.

북극권 지구 맨 위 북극을 둘러싼 지역.

산불 산에 난 큰 불. 매우 빠르게 번지며 통제하기 어렵다.

산타 아니타 핸디캡 매년 3월 미국에서 열리는 유명한 경마 대회. 1935년 처음으로 개최되었다.

새끼 인간이나 동물의 자식.

생태학자 동물이나 식물의 살아가는 방식이나 환경을 연구하는 사람.

성격 행동을 일으키는 양식. '좋은 성격을 가졌다.'고 하면 친절하고 상냥하다는 뜻이다.

수류탄 손으로 던져 터뜨리는 작은 폭탄.

수화 입으로 말하는 것이 아니라 수신호를 이용하여 말하는 방식.

시민 특정 지역이나 장소에 사는 사람.

실험실 과학자들이 연구하거나 실험하는 공간.

쓰나미 해저의 지진으로 시작되며, 거대한 파도로 해변과 건물을 망가뜨리고 침수시킨다.

아이콘 영웅이나 아주 중요한 존재로 여겨지는 사람이나 동물 또는 사물을 일컫는 말.

(알을) 품다 부화를 위해 알 위에 앉아서 따뜻하게 한다.

앤잭 데이 매년 4월 25일 호주와 뉴질랜드의 전사 군인을 기리는 날. '앤잭'은 '호주와 뉴질랜드 연합군'을 의미한다.

야생 동물 보호 구역 야생 동물이 자연스럽게 살아갈 수 있도록 특별히 보호하는 구역.

연구 기관 특정 주제를 연구하는 전문 기관.

영장류 높은 지능을 가진 포유류. 고릴라, 원숭이, 침팬지 그리고 사람은 모두 영장류이다.

영장류학자 영장류를 연구하는 학자.

온순하다 차분하고 부드러우며 돌보기 쉽다.

우주 비행사 우주를 여행하기 위해 특별 훈련을 받은 비행사.

원심 분리기 아주 빠르게 도는 원형기계. 로켓이 발사될 때의 속도를 느낀다.

월드컵 4년마다 열리는 축구 대회로, 여러 나라 대표 팀들이 세계 챔피언이 되기 위해 경기를 한다.

유산 과거에서 전해진 특별한 재산으로 오늘날까지 대단히 중요하게 여겨지는 역사적 전통.

유칼립투스 호주에서 쉽게 볼 수 있는 키가 큰 나무.

인공 사람의 힘으로 자연에 있는 것을 보고 만든 것.

일병 군대에서 두 번째로 낮은 계급이다. 한 단계 아래에는 이등병, 위에는 상병이 있다.

자연 보호 자연이나 야생 동식물이 파괴되지 않도록 지키고 보살피는 일.

자연주의자 동식물과 자연 세상에 열정을 가진 사람.

중동 서아시아를 포함한 인근 지역. 사막이 있는 넓은 지역으로 날씨는 건조하고 덥다.

착한 사마리아인 곤경에 처한 사람을 돕기 위해 친절하고 사려 깊은 행동하는 사람.

채식주의자 고기나 생선을 먹지 않고, 채소나 과일 위주로 먹는 사람.

천재 특출나게 똑똑하고 창의력 있는 인재.

총독 나라나 어떤 지역의 통치자. 왕이나 여왕을 대신해서 일하기도 한다.

클론 똑같이 복제한 것.

토종 특정 장소에서 나고 자란 것. 또는 대대로 그곳에서 오래도록 산 사람.

포유동물 젖을 먹고 자라는 척추동물. 사람, 고양이, 개, 사자, 호랑이, 물개 등이 있다.

포획 동물이나 물고기를 잡아 울타리 안에 가두는 것.

항독소 질병이나 독소가 인체에 퍼지는 것을 막아 주는 약의 일종.

해양 넓은 바다.

옮긴이의 말

처음 이 책을 받아 본 순간 제 눈길을 사로잡은 것은 다양하고 매력적인 동물 그림이었습니다. 그리고 금세 저는 세계의 다채로운 동물들의 특별한 이야기에 푹 빠져들었지요. 이 책에는 우리가 일상 속에서 자주 접할 수 있는 개나 고양이 같은 동물들을 비롯해 동물원이나 텔레비전 방송을 통해서만 볼 수 있는 하마나 기린 같은 동물들이 등장합니다. 한 권의 책 속에서 이렇게 다양한 동물들의 흥미진진한 이야기를 접할 수 있다니요! 이 책을 옮기는 내내 저는 그 매력에 푹 빠져 있었답니다.

동물들은 생김새만으로도 인간의 강한 호기심을 불러일으키기도 하고, 예상을 뛰어넘은 능력을 보여줌으로써 인간을 놀라게 하기도 했으며, 베일에 싸인 삶을 보여줌으로써 인간이 새로운 지식을 습득하고 동물을 이해할 수 있는 기회를 제공하기도 했습니다. 때로는 인간만큼, 아니 인간보다 더 용맹한 태도로 전쟁터에서 활약하고, 위기에 처한 인간을 돕기도 하고, 꿈과 희망의 상징이 되기도 했으며, 자신의 한계를 넘어서며 역사의 중요한 순간을 장식하기도 했습니다.

하지만 동물들의 이야기가 언제나 즐겁기만 한 것은 아니었습니다. 인간의 즐거움이나 이익을 위해 건강한 삶을 보장받지 못하고 떠돌아다니거나 희생당해야 했던 동물들의 삶도 돌아보게 되었지요. 라이카나 케이코 같은 동물들이 그 예였습니다. 과학 발전 등과 같은 인간의 이익이 우선인지 동물의 건강한 삶이 우선인지는 깊이 고민해 볼 필요가 있는 문제입니다. 무엇이 옳은지는 저마다 생각이 다르겠지만, 귀한 생명체를 가벼운 놀잇감으로 여긴다거나 그들의 희생을 당연시하는 태도는 지양해야 하지 않을까 생각합니다.

이렇듯 『동물들의 세계사』는 단순한 흥미를 넘어서 많은 생각을 하게 하는 책입니다. 저는 이것이 인간과 동물이 지나온 과거의 이야기이자 현재 그리고 미래의 이야기이기도 하다고 생각했습니다. 과거에 사람들이 기린을 보고 그 진귀한 모습에 놀라워하고 매료되었듯이, 언젠가 우리도 지구 어딘가에 살고 있을 신비로운 동물을 발견하고 감탄하게 될지도 모릅니다. 핀타섬 코끼리거북이나 수컷 북부흰코뿔소처럼 슬프게도 어떤 동물들은 멸종의 길을 걷게 될 수도 있습니다. 그들의 죽음은 인간에게 동물과 자연의 미래를 지켜나가야 할 책임을 안겨 주었습니다. 또한 이 책 속 동물들이 과거에 그러했듯 지금 이 순간에도 전 세계의 동물들은 어딘가에서 흥미롭고도 새로운 역사를 쓰고 있을 것입니다.

인간과 동물은 과거와 현재, 미래를 함께 살아가는 동반자입니다. 동물들은 인간의 곁에서, 또는 인간의 손이 미치기 어려운 깊은 자연 속에서 그들의 특별한 삶을 살아가며 언젠가 우리에게 또 다른 이야기를 들려줄 것입니다. 누군가와 깊은 우정을 나누는 충직한 친구의 모습으로, 새끼를 씩씩하게 지키는 용감한 엄마의 모습으로, 자신의 한계를 넘어서는 강인한 도전자의 모습으로 말이지요. 어떠한 모습이든 저에게는 영웅처럼 특별하고 멋진 존재일 것입니다.

『동물들의 세계사』를 통해 동물들이 제게 준 감동은 영원히 남아 있을 것입니다. 이제 저는 코끼리를 보면 커다란 덩치에 감탄할 뿐만 아니라 소녀를 위험에서 구해낸 기민하고 용감한 닝 눙을 떠올리게 되었습니다. 침팬지를 보면 뛰어난 화가 콩고를 생각하게 되었지요. 그리고 친숙하거나 진귀한 동물들이 지구 어딘가에서 펼쳐나갈 특별한 현재와 미래의 이야기를 마음속 깊이 응원할 것입니다.

번역가 전지숙

자료 출처

(표기 약자 : b는 아래, C는 가운데, l은 왼쪽, r은 오른쪽, t는 위)

7 Alan Payton / Alamy Stock Photo (tl). 9 Military History Collection / Alamy Stock Photo (tr). 11 Military History Collection / Alamy Stock Photo (bl); Military History Collection / Alamy Stock Photo (bc). 12 Richard Faragher / Alamy Stock Photo (tr). 13 Historic Collection / Alamy Stock Photo (tc). 15 Dinodia Photos / Alamy Stock Photo (tr); urbanbuzz / Alamy Stock Photo (br). 17 Science History Images / Alamy Stock Photo (tr); Everett Collection Inc / Alamy Stock Photo (br). 18 alisafarov / Shutterstock.com (tr). 20 FEMA / Alamy Stock Photo (cl). 21 GABRIEL BOUYS/AFP/Getty Images (tr). 22 Russotwins / Alamy Stock Photo (tr). 23 Chronicle / Alamy Stock Photo (cl). 25 Historic Collection / Alamy Stock Photo (tr). 26 SPUTNIK / Alamy Stock Photo (bl). 27 aquatarkus / Shutterstock.com (cr). 28 Lebrecht Music & Arts / Alamy Stock Photo (tr). 29 Noel Hansen Guerrero / Shutterstock.com (br). 31 *A female giraffe is led by two men in oriental dress*. Lithograph after A. Pr□vost. Credit: Wellcome Collection. CC BY (bl); kavring / Shutterstock.com (br). 32 Lebrecht Music & Arts / Alamy Stock Photo (tr). 34 David Noton Photography / Alamy Stock Photo (tr); rangizzz / Shutterstock.com (cr). 37 Anthony Pleva / Alamy Stock Photo (bl). 39 Richard Howard/The LIFE Images Collection/Getty Images (cr). 41 Oliver Hoffmann / Alamy Stock Photo (tr); Fairfax Media/Fairfax Media via Getty Images (bl). 43 PAINTING / Alamy Stock Photo (bl). 44 KGPA Ltd / Alamy Stock Photo (cl); Studio DMM Photography, Designs & Art / Shutterstock.com (bl). 45 Picturenow/UIG via Getty Images (tr). 47 Gordon Chambers / Alamy Stock Photo (cr); Universal Images Group North America LLC / Alamy Stock Photo (br). 48 Chronicle / Alamy Stock Photo (cr); The History Collection / Alamy Stock Photo (br). 51 Marion Kaplan / Alamy Stock Photo (cl); Everett Collection, Inc. / Alamy Stock Photo (bl). 53 Jeffrey Blackler / Alamy Stock Photo (cl); WENN Rights Ltd / Alamy Stock Photo (bl). 55 Francine Schroeder / Smithsonian (tr); Michele and Tom Grimm / Alamy Stock Photo (bl); Buddy Mays / Alamy Stock Photo (bc). 57 Sanjay Shrishrimal / Alamy Stock Photo (br). 58 360b / Shutterstock.com (cl). 59 FloridaStock / Shutterstock.com (tr). 60 *Christian the Lion The Illustrated Legacy*, © Derek Cattani, John Rendall & GAWPT (tr). 61 *Christian the Lion The Illustrated Legacy*, © Derek Cattani, John Rendall & GAWPT (br). 63 JIM WATSON/AFP/Getty Images (bl). 64 David Wall / Alamy Stock Photo (tl). 65 National Geographic Image Collection / Alamy Stock Photo (tl); National Geographic Image Collection / Alamy Stock Photo (tc). 67 SSPL/Getty Images (tr); Jeff Whyte / Shutterstock.com (bl). 69 Steve Bloom Images / Alamy Stock Photo (tr); Danita Delimont / Alamy Stock Photo (bl). 71 Michael Goldman/The LIFE Images Collection/Getty Images (bl); Anacleto Rapping/Los Angeles Times via Getty Images (bc). 73 Bettmann/Getty Images (br). 75 Central Press/Getty Images (cl); Rolls Press/Popperfoto/Getty Images (bl). 76 Edd Westmacott· / Alamy Stock Photo (cr); Mike Booth / Alamy Stock Photo (br). 78 Vladimir Wrangel / Shutterstock.com (tr). 79 dpa picture alliance / Alamy Stock Photo (bl). 80 Moviestore collection Ltd / Alamy Stock Photo (cl). 81 Moviestore collection Ltd / Alamy Stock Photo (bc); AF archive / Alamy Stock Photo (br). 83 Adrian Gaut/Cond□ Nast via Getty Images (cr); PictureLux / The Hollywood Archive / Alamy Stock Photo (bl). 84 Keystone Pictures USA / Alamy Stock Photo (tr); Art Collection 2 / Alamy Stock Photo (cl). 85 Art Collection 2 / Alamy Stock Photo (tl); World History Archive / Alamy Stock Photo (tc); World History Archive / Alamy Stock Photo (tr). 87 Paul Brown / Alamy Stock Photo (bl). 88 AF archive / Alamy Stock Photo (cl). 89 Minden Pictures / Alamy Stock Photo (bl). 91 Pictorial Press Ltd / Alamy Stock Photo (bl); CBW / Alamy Stock Photo (bc). 92 David Noton Photography / Alamy Stock Photo (tr). 94 Bill Ryerson/The Boston Globe via Getty Images (br). 95 Joe Dennehy/The Boston Globe via Getty Images (br). 96 Everett Collection Historical / Alamy Stock Photo (bl). 97 Archive PL / Alamy Stock Photo (cl); karenfoleyphotography / Alamy Stock Photo (bl). 99 Mario Tama/Getty Images (cl). 101 National Geographic Image Collection / Alamy Stock Photo (br). 103 Didier ZYLBERYNG / Alamy Stock Photo (cl); AF archive / Alamy Stock Photo (bc). 105 CTK / Alamy Stock Photo (cl); Xinhua / Alamy Stock Photo (bl).

구조와 보호

때때로 동물들은 아주 위험한 상황에 처해요. 1장에 소개된 동물들은 자신을 둘러싼 상황에서 놀라운 기지를 발휘했어요. 어떤 동물은 전쟁터에서 지냈고, 어떤 동물은 끔찍한 재난을 겪었지만 대담한 용기를 보여 주었어요. 사람이 동물을 돌볼 수 있듯이 동물도 사람을 돌볼 수 있다는 중요한 사실도 알려 주었답니다.

모험과 탐험

많은 동물은 다양한 여행을 해요. 특히 2장에 소개된 동물들은 비범하고 장대한 여정을 떠났어요. 어떤 동물은 선택의 여지없이 항해를 해야 했고, 어떤 동물은 스스로 모험을 선택했어요. 하지만 머나먼 우주로 떠나든 아프리카를 터벅터벅 돌아다니든 그들은 모두 우리가 잊을 수 없는 일을 해냈답니다.

변화와 해결

어떤 동물은 뛰어난 삶을 살아서 세계적으로 유명해졌어요. 놀랄 만큼 오래 살기도 하고 자연 보호의 상징이 되기도 했어요. 때로는 다시 경험하지 못할 특별한 방법으로 누군가의 생명을 구하거나 새로운 삶을 살게 해 주기도 했어요. 어떠한 이야기가 담겨 있든, 3장에 등장하는 모든 동물들은 영원히 기억될 자격이 있답니다.

발견과 개척

우리가 동물을 더 많이 이해할수록 세상도 많이 달라져야 해요. 4장에 소개된 동물들은 우리가 세상을 다르게 보는 법을 가르쳐 줬어요. 불가능해 보이는 행동을 보여 주었고 그들을 향한 시선을 바꾸었어요. 동물들은 그 사실을 모르겠지만 모두들 역사의 한 페이지를 장식하였답니다.

영감과 영향

동물의 왕국에는 다양한 동물이 있어요. 5장에서 소개된 동물들은 자연이 얼마나 경이로운지 보여 줬어요. 바다와 하늘부터, 도시와 밀림까지. 동물은 언제, 어디서나 우리를 감동시키고 놀라게 했어요. 지구는 동물들 덕분에 훨씬 더 풍요로워졌답니다.